Lust auf...

Thai.

Step by Step

Lust auf...

Thai.

Step by Step

ENTDECKEN SIE DIE GEHEIMNISSE
EINER EXOTISCHEN KÜCHE

KIT CHAN

Snacks und Vorspeisen

Leckerbissen und kleinen Snacks für Zwischendurch kann man im Bangkoker Alltag einfach nicht entgehen. Überall in Thailand findet man ständig eine Vielfalt an aromatischen Gerichten, angeboten von Händlern am Straßenrand und auf Märkten. Es gibt kleine Gerichte wie pikante Pasteten, Frühlingsrollen, gedünstete Knödel und Reisbällchen. Andere Speisen, wie etwa Nudeln, sind reichhaltiger. Diese kleinen Imbisse werden in Asien nicht wirklich als Mahlzeit angesehen, sondern mehr als eine willkommene Abwechslung, eine kleine Leckerei zwischen den Mahlzeiten, ein Extravergnügen auf Märkten. Vorspeisen in dem Sinne gibt es in Thailand nicht, denn alle Gänge werden zur selben Zeit auf den Tisch gebracht. Die Gerichte im folgenden Kapitel eignen sich nicht nur als kleiner Partysnack, sondern auch als Vorspeise oder als Teil des Hauptgerichtes, wenn Sie es bevorzugen, individuelle Gänge zu servieren.

Satay mit Schweinefleisch

Satay sind kräftig gewürzte Spieße mit mariniertem Fleisch, die nur kurz über Kohle gegrillt werden. Dies ist eines der köstlichsten Gerichte, die man auf Thailands Straßen kaufen kann, zubereitet von Händlern, die ihre tragbaren Grills einfach an Straßenecken aufbauen. Sie können Satay auch mit Huhn, Rind oder Lamm zubereiten.

Zutaten

für etwa 20 Satay

450 g mageres Schweinefleisch
1 TL Ingwerwurzel, gerieben
1 Zitronengrasstengel, geschnitten
3 Knoblauchzehen, klein gehackt
1 EL Currypaste, mittelscharf
1 TL Kreuzkümmel, gemahlen
1 TL Turmeric, gemahlen
4 EL Kokoscreme
2 EL Fischsoße
1 TL Kristallzucker
20 Holzspieße
Öl zum Bestreichen

für die Sataysoße

250 ml Kokosmilch
2 EL rote Currypaste
75 g grobe Erdnussbutter
120 ml Hühnerbrühe
3 EL brauner Zucker
2 EL Tamarindensaft
1 EL Fischsoße
1 TL Salz

1 Schneiden Sie das Fleisch in 5 cm lange dünne Streifen und mischen Sie dann allen weiteren Zutaten von der Liste.

2 Mischung über das Fleisch gießen, 2 Stunden marinieren lassen.

3 Für die Soße Kokosmilch auf mittlerer Hitze erhitzen, dann rote Currypaste, Erdnussbutter, Hühnerbrühe und Zucker hinzugeben.

4 Unter ständigem Rühren 5-6 Min. kochen lassen, dann Tamarindensaft, Fischsoße und Salz hinzufügen.

5 Fleisch auf die Spieße stecken. Mit Öl bestreichen, auf dem Grill oder im vorgeheizten Ofen für ca. 3-4 Min. grillen. Spieße ab und zu umdrehen, bis das Fleisch goldbraun und gar ist. Mit Sataysoße servieren.

Enteneier im Netz

Thailänder haben ein spezielles Gerät zum Herstellen der Netze. Es ist kegelförmig mit Öffnungen an der Unterseite, durch die die Eiermischung fadenförmig hinaustropft. Verwenden Sie stattdessen einen kleinen Trichter oder eine Spritztülle.

Zutaten

für etwa 12–15 Netze

für die Füllung

4 Korianderwurzeln
2 Knoblauchzehen
10 weiße Pfefferkörner
1 Prise Salz
3 EL Öl
1 kleine Zwiebel, klein gehackt
115 g mageres Schweinehack
75 g Garnelen, klein geschnitten
50 g geröstete Erdnüsse, gehackt
1 TL Palmzucker
Fischsoße nach Geschmack

für die Eiernetze

6 Enteneier
Korianderblätter, zum Garnieren
Frühlingszwiebeln, zum Garnieren
rote Chilis, klein geschnitten, zum Garnieren

1 Korianderwurzeln, Knoblauch, Pfefferkörner und Salz in einem Mörser zu einer Paste zermahlen.

2 Öl erhitzen und Paste hineingeben. Zwiebel hinzugeben und bis zum weich werden kochen. Fleisch und Garnelen zufügen und unter ständigem Rühren braten, bis das Fleisch gar ist.

3 Erdnüsse, Palmzucker, Salz und Fischsoße nach Geschmack beigeben. Rühren und weiterkochen lassen, bis die Mischung „klebrig" wird. Pfanne vom Herd nehmen und alles in eine Schüssel geben.

4 Eine beschichtete Bratpfanne einfetten und mit einem der o.g. Werkzeuge die aufgeschlagenen, verrührten Enteneier so in die Pfanne tropfen lassen, dass ein Netzmuster mit einem Durchmesser von ca. 13 cm entsteht.

5 Wenn das Netz fest ist, nehmen Sie es vorsichtig aus der Pfanne und wiederholen den Vorgang.

6 Netz auf ein Holzbrett legen. Korianderblätter darauf geben und diese mit einem Löffel der Füllung bedecken. Die Seiten des Netzes so umlegen, dass sich ein sauberes Päckchen ergibt. Vorgang wiederholen. Dann alle Päckchen auf einem Servierteller arrangieren und garnieren.

Eier à la Schwiegersohn

Dieser etwas ungewöhnliche Name beruht auf einer alten thailändischen Geschichte, die besagt, dass ein Bräutigam seine zukünftige Schwiegermutter beeindrucken wollte, indem er ein Rezept erfand, dass die einzige Speise beinhaltete, die er zuzubereiten verstand: hartgekochte Eier.

Zutaten

für 4–6 Personen

75 g Kokoszucker
5 EL Fischsoße
6 EL Tamarindensaft
Bratöl
6 Schalotten, klein geschnitten
6 Knoblauchzehen, klein geschnitten
6 rote Chilis, klein geschnitten
6 hartgekochte Eier
Salatblätter, zum Garnieren
Korianderzweige, zum Garnieren

1 In einem kleinen Topf Palmzucker mit Fischsoße und Tamarindensaft mischen. Zum Kochen bringen und rühren, bis sich der Zucker aufgelöst hat. Etwa 5 Minuten köcheln lassen.

2 Abschmecken, eventuell mehr Zucker, Fischsoße oder Tamarindensaft hinzufügen. Geben Sie die Soße in eine Schüssel und stellen Sie diese zur Seite.

3 Gleichzeitig Öl in einem Wok und in einer Bratpfanne erhitzen. In der Pfanne Schalotten, Knoblauch und Chilischoten anbraten, bis sie goldbraun sind. Auch diese Mischung zur Seite stellen.

4 In dem Wok die Eier für 3-5 Minuten goldbraun frittieren. Entnehmen und auf Küchentuch abtropfen lassen. Eier vierteln und auf einem Bett aus Salatblättern anrichten. Soße und klein geschnittene Schalotten darüber geben und mit Korianderzweigen garnieren.

Venusmuscheln mit Chili und gelber Bohnensoße

In Thailand gibt es Meeresfrüchte im Überfluss, speziell in den Ferienorten am Meer. Dieses köstliche Gericht ist einfach zuzubereiten und sehr beliebt.

Zutaten

für 4–6 Personen

1 kg frische Venusmuscheln
2 EL Speiseöl
4 Knoblauchzehen, klein gehackt
1 EL Ingwerwurzel, gerieben
4 Schalotten, sehr klein geschnitten
2 EL gelbe Bohnenpaste
6 rote Chilis, entkernt und klein geschnitten
1 EL Fischsoße
1 Prise Kristallzucker
Basilikumblätter, zum Garnieren

1 Muscheln unter fließendem Wasser abspülen. Öl im Wok erhitzen. Knoblauch und Ingwer für 30 Sek. anbraten, Schalotten hinzugeben, für eine weitere Minute braten.

2 Muscheln zugeben und mehrmals wenden, bis sie gleichmäßig mit Öl bedeckt sind. Bohnenpaste und die Hälfte der Chilis hinzufügen.

3 5-7 Min. unter gelegentlichem Rühren weiterkochen, bis sich die Muscheln öffnen. Etwas Wasser hinzugeben, mit Fischsoße und Zucker nachwürzen.

4 Einige der Basilikumblätter hinzugeben und das ganze in kleine Schälchen füllen. Mit roten Chilis und Basilikumblättern garnieren.

Gedünstete Miesmuscheln mit Thaikräutern

Das Zitronengras verleiht den Muscheln die frische, spritzige Würze.

Zutaten

für 4-6 Personen
1 kg Miesmuscheln, gewaschen, Bartfäden abgeschnitten
2 Zitronengrasstengel, geschnitten
4 Schalotten, klein gehackt
4 Kaffirlimonenblätter, grob zerpflückt
2 rote Chilis, klein geschnitten
1 EL Fischsoße
2 EL Limonensaft
2 Frühlingszwiebeln, zum Garnieren
Korianderblätter, zum Garnieren

1 Alle Zutaten außer Frühlingszwiebeln und Koriander in einen grossen Topf geben, gut umrühren.

2 Für 5-7 Minuten dünsten, dabei den Topf gelegentlich schütteln, bis sich die Muscheln öffnen. Alle ungeöffneten Muscheln entfernen.

3 Geben Sie die restlichen Muscheln auf Teller.

4 Mit klein geschnittenen Frühlingszwiebeln und Korianderblättern garnieren. Sofort Servieren!

Fischkuchen mit Gurkenrelish

Diese wundervollen kleinen Fischkuchen sind überall sehr populär. Gern wird zu dieser Speise Thaibier getrunken.

Zutaten

für etwa 12 Kuchen

300 g Fischfilet, z.B. Kabeljau, in Stücke geschnitten
2 EL rote Currypaste
1 Ei
2 EL Fischsoße
1 TL Kristallzucker
2 EL Maismehl
3 Kaffirlimonenblätter, zerrieben
1 EL Koriander, gehackt
50 g grüne Bohnen, klein geschnitten
Öl zum Braten
Chin. Senfkresse, zum Garnieren

für das Gurkenrelish

4 EL Thai Kokos- oder Reisessig
4 EL Wasser
50 g Zucker
1 Knoblauchknolle, eingelegt, gehackt
1 Salatgurke, geviertelt und in Stücke geschnitten
4 Schalotten, klein geschnitten
1 EL Ingwerwurzel, fein gehackt

1 Für das Gurkenrelish Essig, Wasser und Zucker zum Kochen bringen. Rühren, bis der Zucker sich auflöst, dann abkühlen lassen.

2 Geben Sie die restlichen Zutaten in eine Schüssel und gießen Sie die Essigmischung hinzu.

3 Fisch, Currypaste und Ei in einem Mixer gründlich durchmischen. Mischung in eine Schüssel füllen, restliche Zutaten, außer Öl und Garnierung, zufügen. Nochmals mischen.

4 Formen Sie aus der Mischung runde Kuchen von etwa 5 cm Durchmesser und 5 mm Dicke.

5 Öl in einem Wok erhitzen. Fischkuchen portionsweise für etwa 4-5 Minuten frittieren, bis sie goldbraun sind. Auf Küchenpapier abtropfen lassen. Garnieren Sie mit Chinesischer Senfkresse und servieren Sie die Kuchen mit dem Gurkenrelish.

Knusprige Krebsscheren

Zutaten

für 4 Personen
50 g Reismehl
1 EL Maismehl
1/2 TL Kristallzucker
1 Ei
4 EL kaltes Wasser
1 Zitronengrasstengel, klein gehackt
2 Knoblauchzehen, klein gehackt
1 EL Koriander, zerpflückt
1-2 rote Chilis, entkernt, geschnitten
1 TL Fischsoße
Bratöl
12 Taschenkrebsscheren, ausgelöst
frisch gemahlener schwarzer Pfeffer

für den Chili-Essig-Dip
3 EL Zucker
120 ml Wasser
120 ml Rotweinessig
1 TL Fischsoße
2-4 rote Chilis, entkernt, geschnitten

1 Für den Chili-Essig-Dip Zucker und Wasser zum Kochen bringen. Rühren, bis sich der Zucker auflöst. Hitze reduzieren und für 5-7 Min. köcheln lassen. Restliche Zutaten hineinrühren, dann zur Seite stellen.

2 Reismehl, Maismehl und Zucker in einer großen Schüssel mischen, dann die Flüssigkeit hinzugeben und gut durchschlagen, bis ein cremiger Teig entsteht.

3 Zitronengras, Knoblauch, rote Chilis, Fischsoße und frisch gemahlenen Pfeffer hinzufügen.

4 Öl im Wok erhitzen. Abgetrocknete Krebsscheren nacheinander in den Teig tauchen, dann portionsweise vorsichtig ins heiße Öl gleiten lassen. Backen, bis sie goldbraun sind. Auf Küchenpapier abtropfen lassen. Heiß mit Chili-Essig-Dip servieren.

Goldene Beutel

Diese knusprigen Beutel sind köstlich als Appetitanreger oder als Partysnack zum Drink.

Zutaten

für etwa 20 Beutel
115 g Schweinehack
115 g Krebsfleisch
2-3 chinesische Pilze, eingeweicht
1 EL Koriander, gehackt
1 EL Knoblauch, gehackt
2 EL Frühlingszwiebeln, gehackt
1 Ei
1 EL Fischsoße
1 TL Sojasoße
1 Prise Kristallzucker
schwarzer Pfeffer, frisch gemahlen
20 Wan-Tan-Hüllen
20 Schnittlauchhalme
Öl zum Frittieren
Pflaumen- oder süße Chilisoße

1 Hack, Krebsfleisch, chinesische Pilze, Koriander, Knoblauch, Frühlingszwiebeln und Ei in eine Rührschüssel geben. Gut verrühren, mit Fischsoße, Sojasoße, Zucker und schwarzem Pfeffer abschmecken.

2 Legen Sie eine Wan-Tan-Hülle auf einen ebenen Untergrund. Geben Sie einen gehäuften Teelöffel der Mischung in die Mitte der Hülle und formen Sie dann einen kleinen Beutel.

3 Zum Verschließen fest zusammendrücken, nach Geschmack mit einem Schnittlauchhalm zubinden. Wiederholen Sie diesen Vorgang.

4 Erhitzen Sie Öl in einem Wok oder einer Fritteuse. Backen Sie die Wan-Tans portionsweise, bis sie goldbraun sind. Auf Küchenpapier abtropfen lassen und sofort mit Pflaumen- oder süßer Chilisoße servieren.

Gedünstete Meeresfrüchte im Päckchen

Voller Geschmack und hervorragend geeignet als Appetitanreger oder leichte Hauptspeise.

Zutaten

für 4 Personen

225 g Taschenkrebsfleisch
50 g Garnelenfleisch, klein geschnitten
6 Wasserkastanien, klein geschnitten
2 EL Bambussprossen, gehackt
1 EL Frühlingszwiebeln, geschnitten
1 TL Ingwerwurzel, fein gehackt
1 EL Sojasoße
1 EL Fischsoße
12 Stück Reispapier
Bananenblätter
Öl zum Einpinseln
2 Frühlingszwiebeln, zum Garnieren
2 rote Chilis, entkernt und klein geschnitten, zum Garnieren
Korianderblätter, zum Garnieren

1 In einer Schüssel Krebsfleisch, Garnelen, Kastanien, Bambussprossen, Frühlingszwiebeln und Ingwer mischen. Unter kräftigem Rühren Soja- und Fischsoße hinzufügen.

2 Reispapier in warmes Wasser tauchen. Auf ebenem Untergrund kurz durchweichen lassen.

3 Einen Löffel der Füllung in die Mitte des Reispapiers geben und das ganze zu einem Paket falten. Wiederholen Sie den Vorgang.

4 Dämpfkorb mit Bananenblättern auslegen, diese mit Öl einpinseln. Päckchen mit der Naht nach unten auf die Bananenblätter geben und bei starker Hitze für 6-8 Minuten dämpfen, bis die Füllung gar ist. Auf einem großen Teller anrichten.

Koch-Tipp

Während des Dämpfens „wachsen“ die Päckchen. Genügend Abstand lassen, um ein Zusammenkleben zu vermeiden.

Huhn mit Klebreisbällchen

Diese Bällchen schmecken gedämpft oder frittiert. Die zweite Version ist knusprig und eignet sich gut als Partysnack.

Zutaten

für etwa 30 Bällchen
450 g Hähnchenfleisch, zerkleinert
1 Ei
1 TL Tapiocamehl
4 Frühlingszwiebeln, klein geschnitten
2 TL Koriander, gehackt
2 EL Fischsoße
1 Prise Kristallzucker
schwarzer Pfeffer, frisch gemahlen
225 g gekochter Klebreis
Bananenblätter
Öl
1 kleine Karotte, zerrieben
1 rote Paprika, in Streifen geschnitten
Schnittlauch, zum Garnieren
süße Chilisoße, zum Servieren

1 Hähnchen, Ei, Tapiocamehl, Frühlingszwiebeln und Koriander in eine Rührschüssel geben und durchmischen. Mit Fischsoße, Zucker und frisch gemahlenem Pfeffer würzen.

2 Geben Sie den gekochten Klebreis auf einen flachen Teller.

3 Nehmen Sie etwas Reis und etwa einen Teelöffel Hähnchen und formen Sie hieraus mit angefeuchteten Händen ein walnussgroßes Bällchen. Wiederholen Sie den Vorgang mit dem restlichen Hühnerfleisch.

KOCH-TIPP

Klebreis hat einen sehr hohen Stärkeanteil. Er wird so genannt, weil die Körner beim Kochen zusammenkleben. Man kann ihn sowohl würzig als auch süß genießen.

4 Bambusdämpftopf mit Bananenblättern auslegen, diese leicht mit Öl bestreichen. Bällchen auf die Blätter legen, dabei ausreichend Abstand lassen, so dass sie nicht zusammenkleben können. Über hoher Hitze bis zum Garen dämpfen.

5 Bällchen auf einen Teller geben. Mit zerriebenen Karotten, Paprika und Schnittlauch garniert servieren, dazu gibt es süßen Chilidip.

SUPPEN

Suppen sind ein wichtiger Bestandteil des thailändischen Alltags. Eine Schüssel Suppe gibt es zu fast jeder Mahlzeit. Sie wird mit den anderen Gerichten serviert und nach und nach zwischendurch genossen. Thaisuppen, die schnell und leicht zuzubereiten sind, bestehen für gewöhnlich aus einer leichten Brühe, und viele von ihnen sind angereichert mit Kokosmilch wie etwa unsere Kokos-Kürbissuppe. Ohne Zweifel die bekannteste thailändische Suppe ist Tom Yam Goong, eine scharf-saure Garnelensuppe; eine Sinfonie der Geschmacksrichtungen, die eine Vielzahl thailändischer Favoriten wie Zitronengras und Galgant über Koriander bis zu Kaffirlimonen und Chilis in sich vereint.

Senfblattsuppe mit Schweinefleisch

Zutaten

für 4–6 Personen
225 g eingelegte Senfblätter, eingeweicht
50 g Glasnudeln, eingeweicht
1 TL Speiseöl
4 Knoblauchzehen, in dünnen Scheiben
1 Liter Hühnerbrühe
450 g Schweinerippe, in große Stücke geschnitten
2 EL Fischsoße
1 Prise Zucker
schwarzer Pfeffer, frisch gemahlen
2 rote Chilis, entkernt und klein geschnitten, zum Garnieren

1 Schneiden Sie die Senfblätter in mundgerechte Stücke. Wenn sie zu salzig sind, lassen Sie sie noch etwas einweichen.

2 Glasnudeln abtropfen lassen und in kurze Stücke schneiden.

3 Öl in einer Bratpfanne erhitzen, Knoblauch darin scharf anbraten. Geben Sie alles in eine Schüssel und stellen Sie diese beiseite.

4 Brühe zum Kochen bringen, das Schweinefleisch hinzugeben und 10–15 Minuten köcheln lassen.

5 Senfblätter und Nudeln hinzufügen und alles wieder aufkochen. Nach Geschmack mit Fischsoße, Zucker und Pfeffer nachwürzen. Mit gebratenem Knoblauch und roten Chilis bestreuen und heiß servieren.

Nudelsuppe Chiang Mai

Ursprünglich aus Burma, ist diese köstliche Suppe heute eine Spezialität der Stadt Chiang Mai. Sie entspricht der malaysischen „Laksa".

Zutaten

für 4–6 Personen
600 ml Kokosmilch
2 EL rote Currypaste
1 TL Turmeric, gemahlen
450 g Hähnchenkeulen, ohne Knochen, klein geschnitten
600 ml Hühnerbrühe
4 EL Fischsoße
1 EL dunkle Sojasoße
Salz und schwarzer Pfeffer
Saft einer Limone
450 g frische Eiernudeln, kurz in kochendem Wasser blanchiert

zum Garnieren
3 Frühlingszwiebeln, gehackt
4 rote Chilis, gehackt
4 Schalotten, gehackt
4 EL eingelegte Senfblätter, abgespült
2 EL Knoblauch, angebraten und klein geschnitten
Korianderblätter
4 gebratene Nudelnester

1 Bringen Sie in einem großen Topf unter Rühren etwa 1/3 der Kokosmilch zum Kochen, bis sie zu flocken beginnt.

2 Currypaste und Turmeric hinzugeben, rühren und kochen lassen, bis sich das Aroma ausbreitet.

3 Fleisch hinzugeben und 2 Min. scharf anbraten. Darauf achten, dass alle Stücke mit der Paste umhüllt sind.

4 Restliche Kokosmilch, Hühnerbrühe, Fisch- und Sojasoße zugeben. Mit Salz und Pfeffer abschmecken, 7-10 Minuten köcheln lassen. Topf von der Platte nehmen und nach Geschmack Limonensaft einrühren.

5 Nudeln in kochendem Wasser erneut aufwärmen. Abtropfen lassen und auf Suppenteller geben. Das Huhn verteilen und mit Suppe auffüllen. Etwas von den oben gelisteten Garnierungen darüber streuen.

Kokossuppe mit Huhn und Ingwer

Diese aromatische Suppe ist köstlich abgeschmeckt mit Kokosmilch, Galgant, Zitronengras und Kaffirlimone.

Zutaten

für 4–6 Personen
750 ml Kokosmilch
475 ml Hühnerbrühe
4 Zitronengrasstengel, zerschnitten
2,5 cm dünne Stücke Galgant
10 schwarze Pfefferkörner, zerstoßen
10 Kaffirlimonenblätter, zerpflückt
300 g Hühnerfleisch, geschnitten
115 g Champignons
50 g kleine Maiskolben
4 EL Limonensaft
3 EL Fischsoße

zum Garnieren
2 rote Chilis, geschnitten
Frühlingszwiebeln, geschnitten,
Korianderblätter

1 Kokosmilch und Hühnerbrühe aufkochen. Zitronengras, Galgant, Pfefferkörner und die Hälfte der Limonenblätter hinzufügen. Hitze reduzieren und 10 Min. köcheln lassen.

2 Flüssigkeit in einen zweiten Kochtopf sieben und zurück auf die heiße Herdplatte stellen. Huhn, Pilze und Mais zugeben und für etwa 5-7 Minuten kochen, bis das Huhn gar ist.

3 Limonensaft einrühren, Fischsoße und restliche Limonenblätter hinzugeben. Mit Chilis, Frühlingszwiebeln und Koriander garniert heiß servieren.

Scharfe Garnelensuppe mit Zitronengras

Tom Yam Goong, ein Klassiker aus Meeresfrüchten, ist auch bei uns eine der beliebtesten Suppen aus der Küche Thailands.

Zutaten

für 4–6 Personen
450 g Riesengarnelen
1 Liter Hühnerbrühe oder Wasser
3 Zitronengrasstengel
10 Kaffirlimonenblätter, halbiert
225 g Strohpilze aus der Dose, abgetropft
3 EL Fischsoße
50 ml Limonensaft
2 EL Frühlingszwiebeln, klein geschnitten
1 EL Korianderblätter
4 rote Chilis, entkernt, geschnitten

1 Garnelen schälen und beiseite stellen. Die Panzer spülen und in einem großen Topf zusammen mit Brühe oder Wasser zum Kochen bringen.

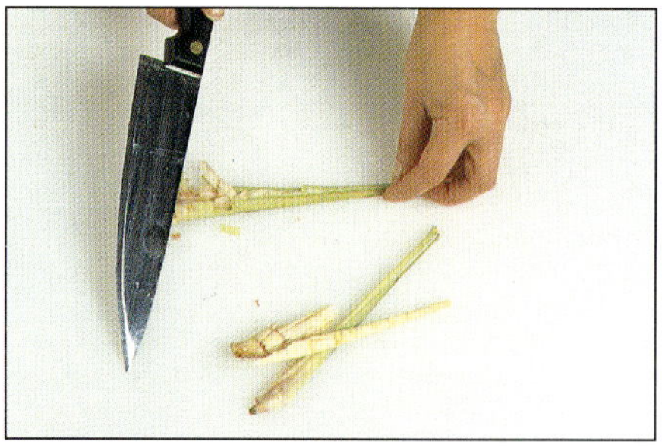

2 Zitronengras mit der stumpfen Seite eines Messers zerdrücken und zusammen mit der Hälfte der Limonenblätter in die Brühe geben. 5-6 Minuten köcheln lassen, bis die Stengel ihre Farbe verändern.

3 Die Brühe sieben und zurück auf den Herd stellen. Pilze und Garnelen hinzufügen und kochen, bis sich die Garnelen rosa verfärben.

4 Fischsoße, Limonensaft, Frühlingszwiebeln, Koriander, rote Chilis und die restlichen Limonenblätter zugeben. Finden Sie eine Balance aus sauer, salzig, würzig und scharf.

Kürbis-Kokos-Suppe

Zutaten

für 4-6 Personen
2 Knoblauchzehen, zerdrückt
4 Schalotten, klein geschnitten
1/2 TL Shrimpspaste
1 EL getrocknete Shrimps, 10 Minuten lang eingeweicht und abgetropft
1 Zitronengrasstengel, gehackt
2 grüne Chilis, entkernt
Salz nach Geschmack
600 ml Hühnerbrühe
450 g Kürbis, in 2 cm dicken Stücken
600 ml Kokoscreme
2 EL Fischsoße
1 TL Kristallzucker
115 g Garnelen, gekocht und geschält
schwarzer Pfeffer, frisch gemahlen
2 rote Chilis, entkernt und klein geschnitten, zum Garnieren
10-12 Basilikumblätter, zum Garnieren

1 Knoblauch, Schalotten, Shrimpspaste, getrocknete Shrimps, Zitronengras, grüne Chilis und Salz gemahlen.

2 Hühnerbrühe in einem großen Topf zum Kochen bringen und unter Rühren die Paste hinzufügen.

3 Kürbisfleisch hinzugeben und 10-15 Minuten köcheln lassen, bis es weich geworden ist.

4 Rühren Sie die Kokoscreme ein und lassen Sie das ganze weiterköcheln. Fügen Sie nach Geschmack Fischsoße, Zucker und Pfeffer hinzu.

5 Garnelen hinzugeben und kochen, bis diese gar sind. Servieren Sie sie garniert mit roten Chilistückchen und Basilikumblättern.

KOCH-TIPP

Shrimpspaste wird aus in Salzlake fermentierten Shrimps hergestellt und gibt dem Gericht die richtige Würze.

Spinat und Tofusuppe

Eine extrem köstliche, leichte Suppe, die als Ausgleich gut zu den scharfen Currygerichten der thailändischen Küche passt.

Zutaten
für 4–6 Personen
2 EL getrocknete Shrimps
1 Liter Hühnerbrühe
225 g frischer Tofu, abgetropft und in 2 cm große Würfel geschnitten
2 EL Fischsoße
350 g frischer Spinat, gut gewaschen
schwarzer Pfeffer, frisch gemahlen
2 Frühlingszwiebeln, klein geschnitten, zum Garnieren

1 Spülen Sie die Shrimps und lassen Sie sie abtropfen. Mit der Hühnerbrühe in einen großen Topf geben und zum Kochen bringen.

KOCH-TIPP

Hausgemachte Hühnerbrühe schmeckt einfach besser als Fertigbrühe. Bereiten Sie einfach eine große Menge Brühe zu und bewahren Sie sie im Gefrierfach auf.

Geben Sie 1,5 kg fleischige Hühnerknochen und 450 g Schweineknochen in einen großen Kochtopf. Fügen Sie 3 l Wasser hinzu und bringen Sie das ganze langsam zum Kochen. Ab und zu Fett abschöpfen. Geben Sie 2 Stückchen Ingwer, 2 Knoblauchzehen, 4 Stangen Sellerie , 4 Frühlingszwiebeln, 2 zerdrückte Zitronengrasstengel, ein paar Korianderzweige und 10 zerstoßene schwarze Pfefferkörner hinzu. Reduzieren Sie die Hitze und lassen Sie das ganze für etwa 2-2 1/2 Stunden köcheln. Nehmen Sie dann den Topf vom Herd und lassen Sie die Brühe im offenen Topf abkühlen. Bis auf den Satz (er wurde die Bruhe trube machen) gießen Sie alles durch ein feines Sieb. Nehmen Sie die Menge, die Sie brauchen und frieren Sie den Rest ein.

2 Tofu hinzugeben. Etwa 5 Minuten köcheln lassen. Mit Fischsoße und schwarzem Pfeffer abschmecken.

3 Spinatblätter in kleine Stücke zerpflücken und in die Suppe streuen. Weitere 1-2 Minuten kochen lassen.

4 Suppe vom Herd nehmen. Zum Garnieren die klein geschnittenen Frühlingszwiebeln darüber streuen.

Salate und Gemüse

Thailändische Salate sind etwas ganz Besonderes. Bei ihrer Zubereitung strebt der Koch stets die Harmonie von Farbe und Geschmack. Knackig-frische Gemüse, aromatische Kräuter und geschmacksintensive Blätter werden gehackt, zerschnitten, gewürzt und vermischt, um dann mit einer Vielfalt an gerösteten Erdnüssen, knusprig gebratenen Schalotten, Knoblauch und frischen Chilis bestreut zu werden. Gibt man noch Fleisch oder Meeresfrüchte hinzu, können diese Salate sehr wohl auch als Hauptspeise serviert werden. Benutzen Sie nur frische Zutaten und probieren Sie, während Sie Ihren Salat zubereiten. Einiges mag Ihnen zu süß, anderes zu sauer oder zu salzig erscheinen; benutzen Sie alle Zutaten nur in Mengen, die Ihrem Geschmack zusagen. Gemüse können scharf angebraten, gedünstet oder gekocht werden.

Auberginensalat mit Shrimps und Ei

Sie werden diesen appetitanregenden, ungewöhnlichen Salat immer wieder servieren wollen.

Zutaten

für 4–6 Personen
2 Auberginen
1 EL Öl
2 EL getrocknete Shrimps, eingeweicht und abgetropft
1 EL Knoblauch, grob gehackt
2 EL frisch gepresster Limonensaft
1 TL Palmzucker
2 EL Fischsoße
1 hartgekochtes Ei, klein geschnitten
4 Schalotten, in Ringe geschnitten
Korianderblätter, zum Garnieren
2 rote Chilis, entkernt und klein geschnitten, zum Garnieren

Koch-Tipp

Für eine interessante Variante versuchen Sie gesalzene Enten- oder Wachteleier anstelle des Hühnereies.

1 Grillen Sie die Auberginen, bis sie leicht geschwärzt und zart sind.

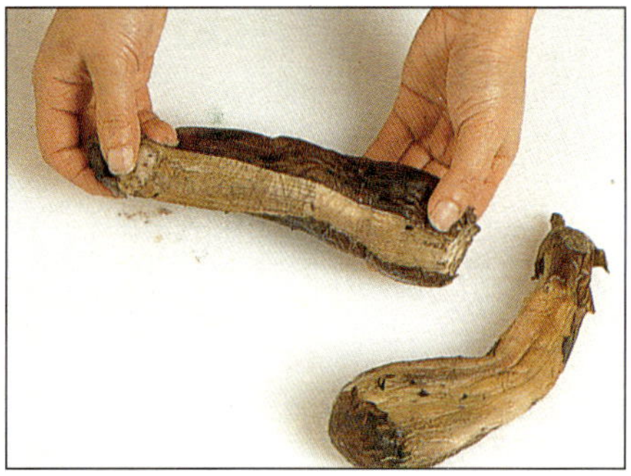

2 Abkühlen lassen, dann abpellen und in Stücke schneiden

3 Die abgetrockneten Shrimps und Knoblauch in einer Pfanne scharf anbraten. Dann alles aus der Pfanne nehmen und zur Seite stellen.

4 Für das Dressing Limonensaft, Palmzucker und Fischsoße in eine Schale geben und durchrühren.

5 Auberginen auf einem Teller arrangieren. Ei, Schalotten und getrocknete Shrimps obenauf geben. Mit Dressing übergießen und mit Koriander und roten Chilis garnieren.

Thaisalat mit Rind

Ein herzhafter Salat mit einem Chili- und Limonendressing.

Zutaten

für 4 Personen
2 Rinder-Hüftsteaks (à 225 g)
1 rote Zwiebel, klein geschnitten
1/2 Gurke, in kleine Stifte geschnitten
1 Zitronengrasstengel, klein geschnitten
Saft von 2 Limonen
1-2 EL Fischsoße
2 EL Frühlingszwiebeln, geschnitten
2-4 rote Chilis, zum Garnieren
frischer Koriander, Chinesische Senfkresse und Minzblätter, zum Garnieren

1 Rindersteaks scharf anbraten oder grillen, dann 10-15 Minuten stehen lassen.

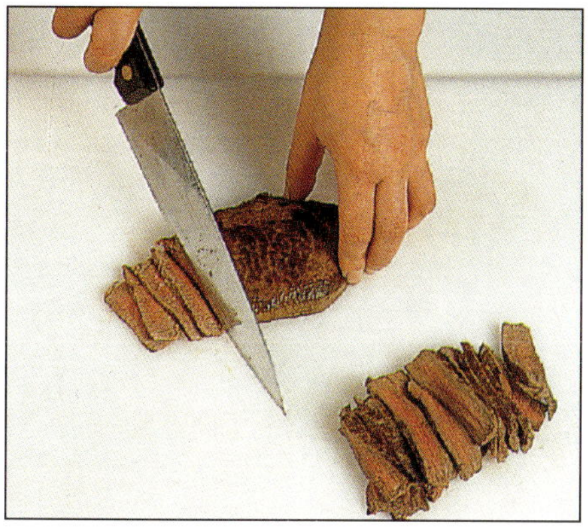

2 Abgekühltes Fleisch in dünne Scheiben schneiden, in eine große Schüssel geben.

3 Zwiebeln, Gurkenstifte und Zitronengras hinzugeben.

4 Frühlingszwiebeln zufügen. Umrühren und mit Limonensaft und Fischsoße abschmecken. Mit Chilis etc. garnieren und lauwarm oder gekühlt servieren.

Chiang Mai Larp

Chiang Mai ist eine Stadt im Nordosten Thailands. Sie ist berühmt für ihren Hühnersalat, der im Original „Laap“ oder „Larp“ genannt wird. Anstelle von Huhn kann man Ente, Rind oder Schwein verwenden.

Zutaten

für 4–6 Personen
450 g Huhn, zerkleinert
1 Zitronengrasstengel, klein geschnitten
3 Kaffirlimonenblätter, klein geschnitten
4 rote Chilis, entkernt, klein geschnitten
4 EL Limonensaft
2 EL Fischsoße
1 EL gemahlener Röstreis
2 Frühlingszwiebeln, klein geschnitten
2 EL Korianderblätter
gemischte Salatblätter, Gurken- und Tomatenstücke, zum Servieren
ein paar Minzzweige, zum Garnieren

1 Das Hühnchenfleisch in einer grossen beschichteten Pfanne mit ein wenig Wasser kochen.

Koch-Tipp

Man nimmt Klebreis zum Erstellen von gemahlenem Röstreis. Braten Sie den Reis ohne Öl, bis er goldbraun ist. Anschließend zermahlen. Bewahren Sie ihn in einem Glasgefäß an einem kühlen, trockenen Platz auf und benutzen Sie ihn nach Bedarf.

2 7–10 Minuten ständig rühren, bis das Fleisch durchgekocht ist.

3 Geben Sie das Huhn in eine große Schüssel und fügen Sie den Rest der Zutaten hinzu. Gut mischen.

4 Mit Minzzweigen garniert auf einem Bett aus Salat, Gurken- und Tomatenscheiben servieren.

Spritziger Hühnchensalat

Dieses Gericht repräsentiert den Charakter der thailändischen Küche.

Zutaten

für 4–6 Personen

4 Hühnerbrüste ohne Haut u. Knochen
2 Knoblauchzehen, grob zerdrückt
2 EL Sojasoße
2 EL Speiseöl
120 ml Kokoscreme
2 EL Fischsoße
Saft einer Limone
2 EL Palmzucker
115 g Wasserkastanien, in Scheiben
50 g Cashewnüsse, geröstet
4 Schalotten, klein geschnitten
4 Kaffirlimonenblätter, klein geschnitten
1 Zitronengrasstengel, klein geschnitten
1 TL Galgant, gehackt
1 große rote Chili, entkernt und klein geschnitten
2 Frühlingszwiebeln, klein geschnitten
10-12 Minzblätter, zerpflückt
1 Salatkopf, zum Servieren
Korianderzweige, zum Garnieren
2 rote Chilis, entkernt und in Ringe geschnitten, zum Garnieren

1 Entfernen Sie überflüssiges Fett und legen Sie die Hühnerbrüste in eine große Auflaufform. Reiben Sie sie mit Knoblauch, Sojasoße und 1 EL Öl ein. 1-2 Stunden marinieren lassen.

2 Grillen oder braten Sie das Huhn 3-4 Minuten von beiden Seiten, bis es durch ist. Abkühlen lassen.

3 Kokoscreme, Fischsoße, Limonensaft und Palmzucker in einem kleinen Topf erhitzen. Umrühren, bis sich der gesamte Zucker aufgelöst hat und dann den Topf vom Herd nehmen.

4 Das Huhn in Streifen schneiden und mit Wasserkastanien, Cashewnüssen, Schalotten, Limonenblättern, Zitronengras, Galgant, Chili, Frühlingszwiebeln und Minzblättern mischen.

5 Gießen Sie das Kokosdressing über das Fleisch. Gut mischen. Servieren Sie das Huhn auf einem Bett aus Salatblättern, garniert mit Korianderzweigen und in kleine Ringe geschnittenen roten Chilis.

Meeresfrüchtesalat mit aromatischen Kräutern

Zutaten
für 4-6 Personen
250 ml Fischbrühe oder Wasser
350 g Tintenfisch, gereinigt und in Ringe geschnitten
12 Riesengarnelen, roh, geschält
12 Kammmuscheln
50 g Glasnudeln, für 30 Minuten in warmem Wasser eingelegt
1/2 Gurke, in Stifte geschnitten
1 Zitronengrasstengel, klein geschnitten
2 Kaffirlimonenblätter, klein geschnitten
2 Schalotten, klein geschnitten
Saft von 1-2 Limonen
2 EL Fischsoße
2 EL Frühlingszwiebeln, fein geschnitten
2 EL Korianderblätter
12-15 Minzblätter, grob zerpflückt
4 rote Chilis, zerschnitten
Korianderzweige, zum Garnieren

1 Gießen Sie Brühe oder Wasser in einen mittelgroßen Topf. Auf hoher Hitze zum Kochen bringen.

2 Meeresfruchtarten getrennt für mehrere Minuten in der Brühe kochen. Entnehmen und zur Seite stellen.

3 Gießen Sie die Nudeln ab und schneiden Sie sie in ca. 5 cm lange Stücke. Mischen Sie Nudeln und Meeresfrüchte.

4 Die restlichen Zutaten hinzufügen, gut durchmischen und mit Korianderzweigen garniert servieren.

Pomelosalat

Die Pomelo ist der Grapefruit ähnlich. Sie ist jedoch fester und hat trockeneres Fleisch.

Zutaten

für 4-6 Personen
für das Dressing
2 EL Fischsoße
1 EL Palmzucker
2 EL Limonensaft

für den Salat
2 EL Speiseöl
4 Schalotten, klein geschnitten
2 Knoblauchzehen, klein geschnitten
1 große Pomelo
115 g Garnelen, gekocht und geschält
115 g Krebsfleisch, gekocht
1 EL geröstete Erdnüsse
10-12 kleine Minzblätter
2 Frühlingszwiebeln, klein geschnitten
2 rote Chilis, entkernt und geschnitten
Korianderblätter, zum Garnieren
Kokosflocken (wenn vorrätig)

1 Fischsoße, Palmzucker und Limonensaft vermischen.

2 Öl in einer kleinen Bratpfanne erhitzen, Schalotten und Knoblauch darin goldbraun anbraten. Aus der Pfanne nehmen und beiseite stellen.

3 Die Pomelo schälen und das Fleisch in kleine Stücke schneiden, dabei die weiße Haut entfernen.

4 Erdnüsse grob mahlen, mit Fruchtfleisch, Garnelen, Krebsfleisch, Minzblättern und der Schalottenmischung kombinieren. Das Dressing darüber geben und mit Frühlingszwiebeln, roten Chilis, Korianderblättern und Kokosraspeln garniert servieren.

Weißkohlsalat

Eine einfache, köstliche Verwendung für Kohl. Auch andere Gemüse wie Brokkoli, Blumen- oder Chinakohl können auf diese Art zubereitet werden.

Zutaten

für 4–6 Personen
2 EL Fischsoße
abgeriebene Limonenschale
120 ml Kokosmilch
2 EL Speiseöl
2 große rote Chilis, entkernt und in Streifen geschnitten
6 Knoblauchzehen, klein geschnitten
6 Schalotten, klein geschnitten
1 kleiner Weißkohlkopf, in Streifen geschnitten
2 EL grob gehackte, geröstete Erdnüsse, zum Servieren

1 Stellen Sie ein Dressing her aus Fischsoße, Limonenschale- und saft sowie Kokosmilch. Beiseite stellen.

2 Erhitzen Sie Öl im Wok oder in der Bratpfanne. Braten Sie Chilis, Knoblauch und Schalotten scharf an, bis die Schalotten braun und knusprig sind.

3 Den Kohl in kochendem Wasser 2-3 Minuten blanchieren, abtropfen lassen und in eine Schüssel geben.

4 Rühren Sie das Dressing in den Kohl. Gut mischen. Nun geben Sie alles in eine Salatschüssel. Streuen Sie angebratene Schalotten und geröstete Erdnüsse darüber.

Bambussprossensalat

Dieser aus dem Nordosten Thailands stammende Salat zeichnet sich durch einen scharf-würzigen Geschmack aus. Wenn möglich, verwenden Sie frische Bambussprossen.

Zutaten

für 4 Personen

400 g ganze Bambussprossen
25 g Klebreis
2 EL Schalotten, gehackt
1 EL Knoblauch, gehackt
3 EL Frühlingszwiebeln, gehackt
2 EL Fischsoße
2 EL Limonensaft
1 TL Kristallzucker
2,5 ml getrocknete Chiliflocken
20-25 kleine Minzblätter
1 EL Sesamkörner, geröstet

1 Bambussprossen spülen, trocknen, klein schneiden und beiseite stellen.

2 Den Reis ohne Öl in der Pfanne anbraten, bis er goldbraun ist. Dann mit dem Stößel im Mörser fein zermahlen.

3 Reispulver mit Schalotten, Knoblauch, Frühlingszwiebeln, Fischsoße, Limonensaft, Kristallzucker, Chilis und Minzblättern in eine Schüssel geben.

4 Vermischen Sie alles gründlich, geben Sie dann die Bambussprossen dazu. Zum Servieren mit Sesamkörnern und Minzblättern garnieren.

Scharf angebratene Bohnensprossen

Diese Sprossen stammen von der Mungobohne; sie haben einen sehr zarten Geschmack, sind äußerst gesund und in fast allen Supermärkten erhältlich.

Zutaten

für 4-6 Personen
2 EL Öl
2 Knoblauchzehen, gehackt
1 EL getrocknete Shrimps, eingeweicht und gespült
115 g mageres Schweinehack
250 g Bohnensprossen
115 g Schnittlauch, gehackt
1 EL Fischsoße
1 TL Streuzucker
schwarzer Pfeffer, frisch gemahlen
Korianderblätter, zum Garnieren

1 Öl im Wok erhitzen. Knoblauch und getrocknete Shrimps hineingeben und anbraten, bis sie goldbraun sind.

2 Fügen Sie das Hackfleisch hinzu. Auf hoher Hitze 3-5 Minuten braten.

3 Bohnensprossen, Schnittlauch, Fischsoße, Zucker und Pfeffer zugeben. Mit Korianderblättern garnieren.

KOCH-TIPP

Sie können statt des Schweinehacks auch Hähnchen- oder Rinderhack verwenden oder Tofu für die vegetarische Variante.

Salat mit grüner Papaya

Grüne Papayas sind nicht immer leicht zu finden, Sie können stattdessen auch geriebene Karotten, Gurken oder grüne Äpfel verwenden. Servieren Sie diesen Salat mit China- oder Weißkohl und Reis.

Zutaten

für 4 Personen
1 mittelgroße grüne Papaya
4 Knoblauchzehen
1 EL Schalotten, gehackt
3-4 rote Chilis, entkernt, zerschnitten
1/2 TL Salz
2-3 Schlangenbohnen, in 2 cm lange Stücke geschnitten
2 Tomaten, in Stücke geschnitten
3 EL Fischsoße
1 EL Streuzucker
Saft einer Limone
2 EL geröstete Erdnüsse, zerstoßen
rote Chilis, klein geschnitten

1 Papaya schälen und der Länge nach durchschneiden. Kerne entfernen, das Fleisch in feine Streifen schneiden.

KOCH-TIPP

Wenn Sie keinen Mörser besitzen, nehmen Sie eine Schüssel und zerdrücken Sie die Papaya mit dem Ende eines Nudelholzes.

2 Zermahlen Sie Knoblauch, Chilis, Schalotten und Salz in einem großen Mörser.

3 Nach und nach die klein geschnittene Papaya hinzugeben und weitermahlen, bis ein weicher Brei entsteht.

4 Bohnen und Tomaten zugeben. und leicht zerdrücken. Mit Fischsoße, Zucker und Limonensaft abschmecken.

5 Geben Sie alles in eine Salatschüssel und garnieren Sie mit Erdnüssen und roten Chilis.

Wasserspinat mit brauner Bohnensoße

Wasserspinat, auch als Siamesische Kresse bekannt, ist ein grünes Gemüse mit pfeilspitzenförmigen Blättern. Wenn Ihnen Wasserspinat nicht zur Verfügung steht, können Sie als Alternative auch Spinat, Wasserkresse, Pak Choy oder sogar Brokkoli verwenden. Hierfür muss nur die Dauer der Kochzeit variiert werden.

Zutaten

für 4-6 Personen
1 Bund Wasserspinat (etwa. 1 kg)
3 EL Speiseöl
1 EL Knoblauch, gehackt
1 EL braune Bohnensoße
2 EL Fischsoße
1 EL Kristallzucker
schwarzer Pfeffer, frisch gemahlen

1 Entfernen Sie die holzigen Enden des Wasserspinats. Schneiden Sie den Rest in etwa 5 cm lange Streifen und halten Sie hierbei Stiele und Blätter getrennt.

2 Öl im Wok oder einer großen Pfanne erhitzen, bis es zu rauchen beginnt. Dann den Knoblauch hineingeben und für 10 Sekunden rühren.

3 Nun erst die Stiele des Wasserspinats hinzugeben, für 1 Minute brutzeln lassen, dann die Blätter zugeben.

4 Braune Bohnen sowie Fischsoße, Zucker und Pfeffer einrühren. Den Spinat mehrfach wenden, bis er nach etwa 3-4 Minuten weich wird. Auf Teller geben und sofort servieren.

Buntes Gemüse in Kokosmilch

Eine absolut köstliche Art Gemüse zuzubereiten. Wenn Sie nicht gerne scharf essen, verwenden Sie weniger Chili.

Zutaten

für 4 -6 Personen
450 g gemischtes Gemüse, z. B. Auberginen, kleine Maiskolben, Karotten, Schlangenbohnen oder Squash
8 rote Chilis, entkernt
2 Zitronengrasstengel
4 Kaffirlimonenblätter, zerpflückt
2 EL Speiseöl
250 ml Kokosmilch
2 EL Fischsoße
Salz
15-20 Thai Basilikumblätter

1 Gemüse mit einem scharfen Messer in gleich große Stücke schneiden.

2 Geben Sie die roten Chilis, Zitronengras und Kaffirlimonenblätter in einen großen Mörser und zermahlen Sie alles.

3 Öl im Wok oder einer tiefen Bratpfanne erhitzen. Chilimischung hineingeben und 2-3 Minuten braten.

4 Kokosmilch einrühren, zum Kochen bringen. Gemüse hinzugeben und für etwa 5 Minuten kochen lassen. Mit Fischsoße und Salz abschmecken und mit Basilikumblättern garnieren.

HAUPTGERICHTE

Thailands Küstenregionen bieten eine Vielfalt an verlockenden Meeresfrüchten. Die Thailänder unterteilen ihre Mahlzeiten nicht in verschiedene Gänge, so wie wir es gewohnt sind, stattdessen werden alle Gerichte zur selben Zeit serviert. Bei einer typischen Mahlzeit werden vier oder fünf verschiedene Gerichte mit unterschiedlichen Geschmacksrichtungen auf den Tisch gebracht. Für gewöhnlich beinhaltet das Mahl eine klare Suppe, verschiedene Fleischgerichte sowie Meeresfrüchte und Gemüse. Die Speisen sind gebraten oder gedämpft, es gibt ein Currygericht, einen Salat, ein oder zwei scharfe Soßen und selbstverständlich Reis. Das Ziel der thailändischen Küche ist es eine Wiederholung zu vermeiden, Zutaten und Farbzusammenstellung sollen so abwechslungsreich wie möglich sein.

Garnelen Satay

Verführerisch: Garnelen mit grünem Gemüse und Reis

Zutaten

für 4-6 Personen
450 g Riesengarnelen, geschält, mit intaktem Schwanzende
1/2 Bund Korianderblätter
4 rote Chilis, klein geschnitten
Frühlingszwiebeln, in länglichen Ringen

für die Erdnusssoße
3 EL Speiseöl
1 EL Knoblauch, gehackt
1 kleine Zwiebel, gehackt
3-4 rote Chilis, zerstoßen und gehackt
3 Kaffirlimonenblätter, zerpflückt
1 Zitronengrasstengel, gehackt
1 TL mittelscharfe Currypaste
250 ml Kokosmilch
1,5 cm Zimtstange
75 g grobe Erdnussbutter
3 EL Tamarindensaft
2 EL Fischsoße
2 EL Palmzucker
Saft einer halben Limone

1 Zur Herstellung der Soße die Hälfte des Öls im Wok erhitzen und Knoblauch und Zwiebeln hineingeben. 3-4 Minuten dünsten.

2 Chilis, Kaffirlimonenblätter und Currypaste zufügen. Weitere 2-3 Minuten dünsten lassen.

KOCH-TIPP

Currypaste schmeckt viel intensiver als Currypulver. Nach dem Öffnen die Paste im Kühlschrank aufbewahren und innerhalb von 2 Monaten verbrauchen.

3 Kokosmilch, Zimtstange, Erdnussbutter, Tamarindensaft, Fischsoße, Palmzucker und Limonensaft einrühren.

4 Hitze reduzieren und 15-20 Minuten köcheln lassen, bis sich die Soße verdickt. Dabei gelegentlich umrühren, um zu vermeiden, dass sie am Boden des Woks anklebt.

5 Das restliche Öl im Wok erhitzen. Garnelen hineingeben und für etwa 3-4 Minuten scharf anbraten, bis sie sich rosa verfärben und sich fest anfühlen.

6 Garnelen mit der Soße mischen. Garniert mit Korianderblättern, Chilis und Frühlingszwiebeln servieren.

Fisch Süßsauer

Wenn Sie Fisch auf diese Art und Weise zubereiten, wird die Haut lecker knusprig, während das Fleisch weich und saftig bleibt. Die süßsaure Soße mit den Kirschtomaten passt ganz ausgezeichnet dazu.

Zutaten

für 4–6 Personen
1 großer oder 2 mittelgroße Fische wie Red Snapper oder Barbe, ohne Kopf
4 TL Maismehl
120 ml Speiseöl
1 EL Knoblauch, gehackt
1 EL Ingwerwurzel, gehackt
2 EL Schalotten, gehackt
225 g Kirschtomaten
2 EL Rotweinessig
2 EL Kristallzucker
2 EL Ketschup
1 EL Fischsoße
3 EL Wasser
Salz und schwarzerPfeffer
Frühlingszwiebeln und Korianderblätter

1 Spülen und waschen Sie den Fisch gründlich. Schneiden Sie die Haut auf beiden Seiten diagonal ein.

2 Fisch auf beiden Seiten mit einer dünnen Schicht Maismehl bestreuen. Überschüssiges Mehl abklopfen.

3 Öl im Wok stark erhitzen und den Fisch hineingeben. Auf mittlere Hitze reduzieren und den Fisch 6–7 Minuten von beiden Seiten, braten, bis er knusprig-braun ist.

4 Fisch aus der Pfanne heben und auf einen großen Teller legen.

5 Gut die Hälfte des Öls weggießen, dann Knoblauch, Ingwer und Schalotten in dem Wok anbraten.

6 Kirschtomaten hinzugeben und kochen, bis sie aufplatzen. Essig, Zucker, Ketschup und Fischsoße einrühren. 1–2 Minuten vorsichtig köcheln lassen, abschmecken.

7 Das restliche Maismehl mit dem Wasser mischen und in die Soße einrühren und erhitzen, bis alles dick wird. Die Soße über den Fisch gießen und mit Korianderblättern und Frühlingszwiebeln garnieren.

Im Bananenblatt gebackener Fisch

Wenn Sie Filets auf diese Art zubereiten, bleibt der Fisch saftig und voller Geschmack. Dieses Gericht eignet sich hervorragend für die Zubereitung auf dem Grill bei Ihrer nächsten Gartenparty.

Zutaten

für 4 Personen

250 ml Kokosmilch
2 EL rote Currypaste
3 EL Fischsoße
2 EL Streuzucker
5 Kaffirlimonenblätter, zerpflückt
4 Fischfilets (à 175 g), z. B. Snapper
175 g gemischtes Gemüse, z. B. Karotten oder Lauch, fein geschnitten
4 Bananenblätter
2 EL Frühlingszwiebeln, klein geschnitten, zum Garnieren
2 rote Chilis, klein geschnitten, zum Garnieren

1 Geben Sie Kokosmilch, Currypaste, Fischsoße, Zucker und Kaffirlimonenblätter in eine flache Schale.

2 Den Fisch in dieser Mischung 15-30 Minuten marinieren. Ofen auf 200 Grad vorheizen.

3 Gemüse mischen und jeweils eine Portion auf ein Bananenblatt geben. Ein Filetstück mit etwas Marinade obenauf legen.

4 Fisch im Bananenblatt einwickeln und das Päckchen mit zwei Cocktailstäbchen verschließen. Den Vorgang mit den restlichen Filets wiederholen.

5 Den Fisch im heißen Ofen 20-25 Minuten backen. Er kann auf die gleiche Art auch auf dem Grill zubereitet werden. Vor dem Servieren mit Frühlingszwiebeln und roten Chilis garnieren.

Scharf angebratene Muscheln mit Spargel

Die Kombination von Knoblauch und schwarzem Pfeffer gibt diesem Gericht seine Würze. Sie können statt der Kammmuscheln auch Garnelen oder Fisch verwenden.

Zutaten

für 4-6 Personen

4 EL Speiseöl
500 g grüner Spargel, in 5 cm lange Stücke geschnitten
4 Knoblauchzehen, klein geschnitten
2 Schalotten, klein geschnitten
450 g Kammmuscheln
2 EL Fischsoße
1/2 TL schwarzer Pfeffer, grob gemahlen
120 ml Kokosmilch
Korianderblätter, zum Garnieren

1 Die Hälfte des Öls im Wok erhitzen. Darin den Spargel 2 Minuten lang scharf anbraten. Dann auf einen Teller geben und beiseite stellen.

2 Restliches Öl mit Knoblauch und Schalotten in den Wok geben. Braten, bis sich das Aroma entfaltet. Muscheln zugeben und 1-2 Min. dünsten.

3 Spargel zurück in den Wok geben. Fischsoße, schwarzen Pfeffer und Kokosmilch hinzufügen.

4 Unter Rühren 3-4 Minuten weiterkochen lassen, bis Muscheln und Spargel gar sind. Mit Korianderblättern garnieren.

Gedämpfter Fisch in Chilisoße

Dämpfen ist eine der besten Methoden Fisch zuzubereiten. Wenn Sie den Fisch in einem Stück auf den Gräten lassen, bleibt der volle saftige Geschmack bewahrt.

Zutaten

für 4 Personen

1 großer oder 2 mittlere Fische mit festem Fleisch, wie Barsch, entschuppt und gesäubert
1 frisches Bananenblatt
2 EL Reiswein
3 rote Chilis, entkernt und geschnitten
2 Knoblauchzehen, klein gehackt
2 cm frische Ingwerwurzel, gerieben
2 Zitronengrasstengel, zerdrückt und klein gehackt
2 Frühlingszwiebeln, gehackt
2 EL Fischsoße
Saft von 1 Limone

für die Chilisoße

10 rote Chilis, entkernt und gehackt
4 Knoblauchzehen, gehackt
4 EL Fischsoße
1 EL Zucker
5 EL Limonensaft

1 Den Fisch unter laufendem Wasser abspülen. Mit Küchenpapier abtrocknen, dann die Haut auf beiden Seiten in Streifen anschneiden.

2 Legen Sie den Fisch auf das Bananenblatt. Mischen Sie alle Zutaten und geben Sie diese über den Fisch.

3 Einen kleinen Teller mit der Unterseite nach oben in einen Wok legen und etwa 5 cm kochendes Wasser hinzugeben. Das Bananenblatt mit dem Fisch darauf legen. Wok mit einem Deckel zudecken und den Fisch 10-15 Min. dämpfen, bis er gar ist.

4 Alle Zutaten für die Chilisoße in einen Mixer geben und gründlich mischen. Unter Umständen müssen Sie ein wenig Wasser zugeben.

5 Servieren Sie den Fisch heiß auf dem Bananenblatt mit der süßen Chilisoße.

Garnelen in Tamarindensoße

Der säuerlich prickelnde Geschmack vieler thailändischer Gerichte kommt von der Tamarinde. Es ist schwierig, die frischen Früchte zu erstehen, außerdem ist ihre Verarbeitung sehr arbeitsintensiv. Die Thailänder bevorzugen Tamarindenpaste, die in Blöcken verkauft wird, welche man einfach in Wasser einweicht.

Zutaten

für 4–6 Personen

50 g Tamarindenpaste
150 ml kochendes Wasser
1 EL Speiseöl
2 EL Zwiebeln, gehackt
2 EL Palmzucker
2 EL Hühnerbrühe oder Wasser
1 EL Fischsoße
6 getrocknete rote Chilis, angebraten
450 g ungekochte, geschälte Garnelen
1 EL Knoblauch, angebraten, gehackt
2 EL Schalotten, angebraten, gehackt
2 Frühlingszwiebeln, gehackt, Garnitur

1 Tamarindenpaste in einen kleinen Topf legen, kochendes Wasser hinzugeben und gründlich rühren, bis keine Klümpchen mehr vorhanden sind. 30 Minuten stehen lassen, dann durch ein Sieb pressen. So viel Saft wie möglich abschöpfen. 6 EL von der Flüssigkeit abnehmen, den Rest in den Kühlschrank stellen. Öl im Wok erhitzen und die Zwiebeln darin goldbraun anbraten.

2 Zucker, Brühe, Fischsoße, Chilis und Tamarindensaft hinzugeben und durchrühren, bis sich der Zucker aufgelöst hat. Zum Kochen bringen.

3 Garnelen, Knoblauch und Schalotten hinzufügen. Etwa 3–4 Minuten kräftig rühren, bis die Garnelen gar sind. Mit Frühlingszwiebeln garnieren.

Hühnerleber auf thailändische Art

Hühnerleber ist im Nordosten Thailands ein beliebtes Fleisch. Servieren Sie dieses Gericht als Vorspeise mit Salat oder mit Jasminreis als Hauptgang.

Zutaten

für 4-6 Personen

3 EL Speiseöl
450 g Hühnerleber, zurechtgeschnitten
4 Schalotten, gehackt
2 Knoblauchzehen, gehackt
1 EL gemahlener Röstreis
3 EL Fischsoße
3 EL Limonensaft
1 EL Zucker
2 Zitronengrasstengel, zerdrückt und klein gehackt
2 EL Koriander, gehackt
10-12 Minzblätter, zum Garnieren
2 rote Chilis, zum Garnieren

1 Öl im Wok oder in einer großen Bratpfanne erhitzen. Die Leber auf mittlerer Hitze für etwa 4 Minuten anbraten, bis das Fleisch außen goldbraun und gar, innen aber noch rosa ist.

2 Schalotten und Knoblauch dazugeben und etwa 1-2 Minuten braten lassen.

3 Gerösteten Reis, Fischsoße, Limonensaft, Zucker, Limonengras und Koriander hinzufügen. Rühren, so dass sich alles gut mischt. Garniert mit Minzblättern und Chilis servieren.

Gegrilltes Huhn

In Thailand verkaufen Händler mit tragbaren Grills dieses Gericht auf der Straße, im Sportstadium oder am Strand.

Zutaten

für 4-6 Personen

1 Huhn, ca. 1,5 kg, in 8-10 Stücke geschnitten
2 Limonen, in Stücke geschnitten
2 rote Chilis, entkernt und geschnitten,

für die Marinade

2 Zitronengrasstengel, gehackt
2,5 cm frische Ingwerwurzel
6 Knoblauchzehen
4 Schalotten
1/2 Bund Korianderwurzeln
1 EL Palmzucker
120 ml Kokosmilch
2 EL Fischsoße
2 EL Sojasoße

1 Zum Herstellen der Marinade geben Sie alle Zutaten in einen Mixer und mischen diese durch, bis alles glatt ist.

2 Fleisch in eine flache Schüssel legen, Marinade darüber geben. An einem kühlen Ort für mindestens 4 Std., am besten über Nacht, marinieren.

3 Das Fleisch über glühender Holzkohle oder auf dem Ofenrost bei 200 Grad etwa 20-30 Minuten grillen, bis das Fleisch durch und die Haut goldbraun ist. Die Stücke dabei von Zeit zu Zeit umdrehen und mit Marinade bestreichen.

4 Mit Limonenstücken und klein geschnittenen Chilis garnieren.

Cashew Huhn

In diesem von chinesischer Küche inspiriertem Gericht wird zartes Hühnerfleisch mit Cashewnüssen, roten Chilis und Knoblauch angebraten.

Zutaten
für 4-6 Personen
450 g Hühnchenbrust ohne Knochen
2 EL Speiseöl
2 Knoblauchzehen, klein geschnitten
4 getrocknete rote Chilis, gehackt
1 rote Paprika, entkernt und in 2 cm lange Streifen geschnitten
2 EL Austernsoße
1 EL Sojasoße
1 Prise Kristallzucker
1 Bund Frühlingszwiebeln, aufgeschnitten in 5 cm lange Streifen
175 g Cashewkerne, geröstet
Korianderblätter, zum Garnieren

1 Die Hühnchenbrust häuten, dann mit einem scharfen Messer in mundgerechte Stücke schneiden. Beiseite stellen.

2 Öl in einem Wok erhitzen. Knoblauch und getrocknete Chilis hineingeben und goldbraun anbraten.

3 Huhn hinzugeben und unter ständigem Rühren anbraten. Dann die Paprika und evtl. etwas Wasser zufügen.

4 Rühren Sie Austern-, Sojasoße und Zucker ein. Geben Sie die Cashewkerne und Frühlingszwiebeln hinzu. Servieren Sie das ganze garniert mit Korianderblättern.

Scharf angebratenes Basilikumhuhn mit Chili

Dieses schnell und einfach zuzubereitende Gericht ist eine ausgezeichnete Einführung in die thailändische Küche. Das frittierte Basilikum gibt dem ganzen die besondere Note. Thai Basilikum hat einen einzigartigen Geschmack, gleichzeitig würzig und scharf.

Zutaten
für 4–6 Personen
3 EL Speiseöl
4 Knoblauchzehen, klein geschnitten
2-4 rote Chilis, entkernt und gehackt
450 g Hähnchenfleisch, in mundgerechte Stücke geschnitten
1 TL Zucker
2-3 EL Fischsoße
2 TL Sojasoße
10-12 Thai Basilikumblätter
2 rote Chilis, geschnitten, Garnitur
20 Thai Basilikumblätter, frittiert (nach Geschmack)

1 Öl in einem Wok erhitzen und darin schwenken.

2 Knoblauch und Chilis unter ständigem Rühren goldbraun anbraten.

3 Das Huhn hinzufügen und anbraten, bis es die Farbe verändert.

4 Mit Zucker, Fisch- und Sojasoße abschmecken, dabei weiter unter ständigem Rühren braten. Frische Basilikumblätter zugeben. Garniert mit in Ringe geschnittenen Chilis und frittiertem Basilikum servieren.

Koch-Tipp

Zum Frittieren müssen die Basilikumblätter absolut trocken sein. Frittieren Sie sie in heißem Öl etwa 30-40 Sekunden. Auf Küchenpapier abtropfen lassen.

Aromatische Thai Fleischklößchen

Zutaten
für 4–6 Personen
450 g mageres Schweinehack
1 EL Knoblauch, gehackt
1 Zitronengrasstengel, fein gehackt
1 EL frischer Koriander, gehackt
4 Frühlingszwiebeln, fein gehackt
2 EL rote Currypaste
1 EL Zitronensaft
1 EL Fischsoße
1 Ei
Salz und schwarzer Pfeffer
Reismehl, zum Einstäuben
Bratöl
Korianderzweige, zum Garnieren

für die Erdnusssoße
1 EL Speiseöl
1 EL rote Currypaste
2 EL grobe Erdnussbutter
1 EL Palmzucker
1 EL Zitronensaft
250 ml Kokosmilch

1 Für die Erdnusssoße Öl in einem Kochtopf erhitzen. Currypaste hineingeben und für eine Minute kochen.

2 Restliche Zutaten hineinrühren und zum Kochen bringen. Dann Temperatur niedrig stellen und die Soße 5 Min. köcheln lassen.

3 Für die Fleischklößchen mischen Sie alle Zutaten außer Reismehl, Öl und Koriander. Abschmecken. Gut durchmischen und verrühren.

4 Rollen und formen Sie das Fleisch zu kleinen walnussgroßen Bällchen. Bestäuben Sie diese mit Reismehl.

5 Erhitzen Sie Öl im Wok und frittieren Sie die Fleischklößchen portionsweise, bis sie schön braun und gar sind. Auf Küchenpapier abtropfen lassen. Mit Korianderzweigen garnieren und mit der Erdnusssoße servieren.

Gefülltes Thai Omelette

Zutaten
für 4 Personen
2 EL Speiseöl
2 Knoblauchzehen, fein gehackt
1 kleine Zwiebel, fein gehackt
225 g Schweinehack
2 EL Fischsoße
1 TL Kristallzucker
schwarzer Pfeffer, frisch gemahlen
2 Tomaten, gehäutet und geschnitten
1 EL frischer Koriander, feingehackt

für das Omelette
5–6 Eier
1 EL Fischsoße
2 EL Speiseöl
Korianderzweige, zum Garnieren
rote Chilis, zerschnitten, zum Garnieren

1 Öl im Wok erhitzen. Knoblauch und Zwiebeln hineingeben und 3–4 Minuten braten. Dann das Schweinefleisch hineingeben und etwa 7–10 Minuten braten, bis es leicht gebräunt ist.

2 Fügen Sie Fischsoße, Zucker, Pfeffer und Tomaten hinzu. Mischen Sie alles durch Rühren. Köcheln lassen, bis sich die Soße leicht verdickt. Geben sie dann den frischen Koriander hinzu.

3 Mit einem Schneebesen Eier und Fischsoße für das Omelette schlagen.

4 Öl im Wok erhitzen. Geben Sie die Hälfte der geschlagenen Eier hinein und schwenken Sie dabei die Pfanne, so dass eine dünne Schicht entsteht.

5 Wenn das Ei fest geworden ist, die Hälfte der Füllung in die Mitte des Omelettes geben. Die Ecken des Teigs umfalten, so dass sich ein gleichmässiges, quadratisches Päckchen ergibt.

6 Mit der gefalteten Seite nach unten auf einen flachen Teller legen. Den Vorgang mit dem Rest der Zutaten wiederholen und mit Korianderzweigen und roten Chilis servieren.

Würzige Schweinerippe mit Schlangenbohnen

Ein scharfes, reichhaltiges Gericht. Stehen keine Schlangenbohnen zur Verfügung, nehmen Sie feine grüne Bohnen.

Zutaten

für 4–6 Personen

675 g Schweinerippe oder -bauch
2 EL Speiseöl
120 ml Wasser
1 EL Palmzucker
1 EL Fischsoße
150 g Schlangenbohnen, in 5 cm lange Stücke geschnitten
2 Kaffirlimonenblätter, fein geschnitten
2 rote Chilis, fein geschnitten, zum Garnieren

für die Chilipaste

3 getrocknete rote Chilis, entkernt und eingeweicht
4 Schalotten, gehackt
1 EL Galgant, gehackt
1 Zitronengrasstengel, gehackt
6 schwarze Pfefferkörner
1 EL Shrimpspaste
2 EL getrocknete Shrimps, abgespült

1 Geben Sie die Zutaten für die Chilipaste in einen großen Mörser und zermahlen Sie alles zu einer dicken Paste.

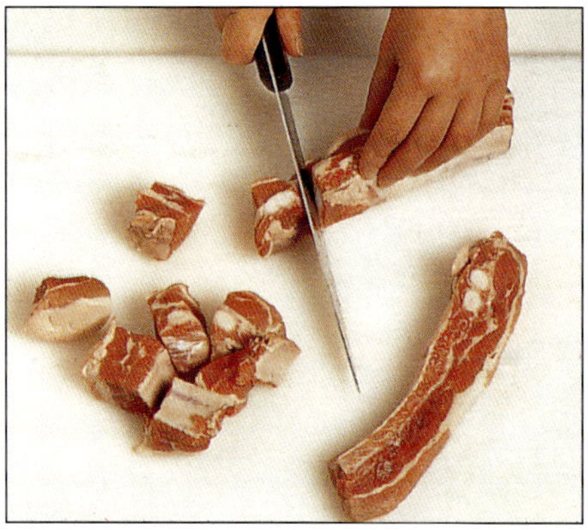

2 Zerschneiden und hacken Sie das Fleisch in 4 cm lange Stücke.

3 Öl im Wok erhitzen. Geben Sie das Fleisch hinein und braten Sie es etwa 5 Minuten, bis es angebräunt ist.

4 Chilipaste einrühren und weitere 5 Minuten unter ständigem Rühren kochen, um zu vermeiden, dass die Chilisoße an der Pfanne festklebt.

5 Wasser hinzugeben. Abdecken und 7-10 Minuten köcheln lassen, bis das Fleisch zart ist. Mit Palmzucker und Fischsoße abschmecken.

6 Jetzt die Bohnen und Kaffirlimonenblätter untermischen und braten, bis die Bohnen gar sind. Servieren Sie garniert mit roten Chilis.

Scharf angebratenes Rind in Austernsoße

Einfach und köstlich. In Thailand kann man jederzeit frische Strohpilze finden. Wenn das hier schwierig wird, nehmen Sie stattdessen Austernpilze. Oder kombinieren Sie mal verschiedene Pilzsorten.

Zutaten
für 4–6 Personen
450 g Rumpsteak
2 EL Sojasoße
1 EL Maismehl
3 EL Speiseöl
1 EL Knoblauch, gehackt
1 EL Ingwerwurzel, gehackt
225 g gemischte Pilze (Shiitake, Austern- und Strohpilze)
2 EL Austernsoße
1 EL Kristallzucker
schwarzer Pfeffer, frisch gemahlen
4 Frühlingszwiebeln, geschnitten
2 rote Chilis, in Streifen geschnitten

1 Das Fleisch diagonal in lange, dünne Streifen schneiden. Sojasoße und Maismehl in einer großen Schüssel mischen, Fleisch hinzugeben. 1-2 Stunden marinieren lassen.

KOCH-TIPP

Austernsoße ist dickflüssig und hat einen pikant-süßen, etwas fleischigen Geschmack. Es gibt verschiedene Arten; sparen Sie hier nicht am Geld.

2 Die Hälfte des Öls im Wok erhitzen. Knoblauch und Ingwer hineingeben und braten. Fleisch hinzufügen. 1-2 Min. unter Rühren braten. Dann aus dem Wok nehmen und zur Seite stellen.

3 Das restliche Öl erhitzen. Pilze hineingeben und dünsten, bis sie zart sind.

4 Geben Sie das Fleisch zurück in den Wok. Fügen Sie nach Geschmack Austernsoße, Zucker und frisch gemahlenen Pfeffer hinzu. Gut mischen.

5 Geben Sie die Frühlingszwiebeln hinzu. Servieren Sie garniert mit roten Chilis.

Gedämpfte Eier mit Rind und Frühlingszwiebeln

Ein äußerst köstliches Gericht, leicht und cremig. Fügen Sie weniger Flüssigkeit hinzu, um ein festeres Ergebnis zu erhalten und versuchen Sie Meeresfrüchte anstelle von Fleisch.

Zutaten

für 4–6 Personen
115 g Rumpsteak oder Lende vom Rind
1 EL frische Ingwerwurzel, gerieben
1 EL Fischsoße
schwarzer Pfeffer, frisch gemahlen
3 Eier
120 ml Hühnerbrühe oder Wasser
2 EL Frühlingszwiebeln, gehackt
1 EL Speiseöl
2 Knoblauchzehen, fein gehackt

1 Fleisch sehr fein hacken und in eine große Schüssel geben. Ingwer, Fischsoße und Pfeffer hinzufügen.

2 Eier verquirlen und mit der Brühe zusammenrühren. Mischung über das Fleisch geben, Zwiebeln zufügen, verrühren, bis alles gut vermischt ist. Dabei Bläschenbildung vermeiden.

3 Alles in eine hitzebeständige Schüssel oder einzelne Schalen geben.

4 Schüssel oder Schalen in einen Dämpfkorb stellen und 10-15 Min. dämpfen, bis sich die Creme gesetzt hat.

5 Währenddessen Öl erhitzen, darin den Knoblauch für etwa 2 Minuten anbraten, bis er goldbraun ist. Rühren, um Klümpchenbildung zu vermeiden.

6 Geben Sie Knoblauch und Öl über die Eiercreme. Lassen Sie sie vor dem Servieren leicht auskühlen.

KOCH-TIPP

In Japan gibt es eine Variante, Chewan Mushi genannt, bei der Spinat, Garnelen und Shiitakepilze verwendet werden.

Currygerichte

Jedes Currygericht beginnt mit der Herstellung der Currypaste. Früher hatte jeder Haushalt ein eigenes Rezept, das von Generation zu Generation weitergereicht wurde. Zahlreiche Gewürze und Kräuter werden für die Herstellung verwendet, wie etwa Zitronengras, Blätter der Kaffirlimone, Chilis, Galgant und Koriander. Alles wird in einem Mörser zerstoßen, bis man eine aromatische, würzige Paste erhält, die von mild bis sehr scharf schmecken kann. Currygerichte fanden ihren Ursprung in Südindien, wo jedoch getrocknete, pulverisierte Gewürze für die meist dickflüssigen, stundenlang gekochten Gerichte verwendet werden, während die thailändische Version frischer und leichter ist. Hier sind die Currygerichte normalerweise dünnflüssig, fast suppenartig und erfordern wenig Aufwand. Currygerichte sind in Thailand Teil jeder Hauptmahlzeit, und ihre Schärfe wird ausgeglichen durch gleichzeitig servierte mildere und süßere Speisen.

Rotes Curryhühnchen mit Bambussprossen

Bambussprossen haben eine wunderbar knackige Beschaffenheit. Frische sind bei uns schwer zu finden, doch Sprossen aus der Dose eignen sich hervorragend. Wenn möglich, kaufen Sie ganze Sprossen; sie sind in der Regel knackiger und von besserer Qualität als die geschnittenen.

Zutaten
für 4-6 Personen

1 Liter Kokosmilch
450 g Hähnchenfleisch, gewürfelt
2 EL Fischsoße
1 EL Kristallzucker
225 g Bambussprossen, abgespült und geschnitten
5 Kaffirlimonenblätter, zerpflückt
Salz und schwarzer Pfeffer
2 rote Chilis, gehackt, zum Garnieren
10-12 Basilikum- und Minzblätter, zum Garnieren

für die rote Currypaste

12-15 rote Chilis, entkernt
4 Schalotten, dünn geschnitten
2 Knoblauchzehen, gehackt
1 EL Galgant, gehackt
2 Zitronengrassteng gehackt
4 Korianderwurzeln
10 schwarze Pfefferkörner
1 TL Korianderkörner
1/2 TL Kreuzkümmel
1 reichliche Prise gemahlener Zimt
1 TL Turmeric, gemahlen
1/2 TL Shrimpspaste
1 TL Salz
2 EL Öl

1 Für die rote Currypaste geben Sie alle Zutaten außer Öl in einen großen Mörser oder in einen Mixer und zermahlen diese, bis eine glatte Paste entsteht.

2 Nach und nach Öl zugeben und gut einrühren. Paste in ein Glasgefäß geben, in den Kühlschrank stellen.

3 In einem großen, schweren Kochtopf die Hälfte der Kokosmilch aufkochen, bis sie zu flocken beginnt.

4 Geben Sie 2 EL Currypaste hinzu. Für einige Minuten kochen lassen.

5 Hähnchen, Fischsoße und Zucker zufügen. 3-5 Minuten braten, bis das Fleisch die Farbe ändert. Dabei ständig rühren, um Ankleben zu verhindern.

6 Restliche Kokosmilch, Bambussprossen und Limonenblätter zufügen und erneut zum Kochen bringen. Evtl. nachwürzen. Mit Chilis, Basilikum und Minzblättern garniert servieren.

Roter Curry mit Tofu und grünen Bohnen

Ein weiteres schnell und einfach zuzubereitendes Currygericht. In diesem Rezept werden grüne Bohne verwendet; Auberginen, Bambussprossen oder Brokkoli eignen sich genauso.

Zutaten

für 4–6 Personen

600 ml Kokosmilch
1 EL rote Currypaste
3 EL Fischsoße
2 TL Palmzucker
225 g Champignons
115 g grüne Bohnen, geschnitten
175 g Tofu, abgespült und in 2 cm große Würfel geschnitten
4 Kaffirlimonenblätter, zerpflückt
2 rote Chilis, geschnitten
Korianderblätter, zum Garnieren

1 Etwa ein Drittel der Kokosmilch in einen Topf geben. Kochen lassen, bis sie sich absetzt und ölig glänzt.

2 Rote Currypaste, Fischsoße und Zucker zugeben und gründlich durchrühren.

3 Pilze hinzugeben. Umrühren und für etwa 1 Minute kochen lassen.

4 Die restliche Kokosmilch zugießen und alles zum Kochen bringen.

5 Geben Sie die grünen Bohnen und Tofuwürfel hinzu. 4–5 Minuten leicht köcheln lassen.

6 Rühren Sie die Limonenblätter und Chilis ein und servieren Sie garniert mit Korianderblättern.

Burmesisches Schweinecurry

Für Currygerichte im burmesischen Stil wird meistens Wasser statt Kokosmilch verwendet. Es schmeckt aufgewärmt am allerbesten.

Zutaten

für 4–6 Personen

2,5 cm frische Ingwerwurzel, zerrieben
2 Zitronengrasstengel, fein gehackt
8 getrocknete rote Chilis, für 20 Minuten in warmen Wasser eingeweicht
1 EL Galgant, gehackt
1 EL Shrimpspaste
2 EL brauner Zucker
675 g Schweinefleisch mit etwas Fett
600 ml Wasser
2 TL Turmeric, gemahlen
1 TL dunkle Sojasoße
4 Schalotten, fein gehackt
1 EL Knoblauch, gehackt
3 EL Tamarindensaft
1 TL Zucker
1 EL Fischsoße
grüne Bohnen, zum Servieren
rote Chilis, zum Garnieren

1 Ingwer, Chilis, Zitronengras und Galgant im Mörser zu einer groben Paste zerstoßen, Shrimpspaste und braunen Zucker hinzufügen und mahlen, bis ein dunkles, körniges Püree entsteht.

2 Schweinefleisch in große Stücke schneiden und in einen Topf geben. Das Currypüree hinzufügen und rühren, bis das Fleisch gut überzogen ist.

3 Auf niedriger Hitze kochen, gelegentlich umrühren, bis das Fleisch seine Farbe verändert und etwas Fett abläßt.

4 Rühren Sie Wasser, Turmeric und Sojasoße ein. 40 Minuten leicht köcheln lassen, bis das Fleisch zart ist.

5 Schalotten, Knoblauch, Tamarindensaft, Zucker und Fischsoße hinzugeben. Mit frisch gekochten grünen Bohnen servieren, mit Chilis garnieren.

Curryrind in süßer Erdnusssoße

Dieses Currygericht ist reichhaltiger und dickflüssiger als die meisten Thai Currys. Servieren Sie es mit gekochtem Jasminreis und gesalzenen Enteneiern.

Zutaten

für 4-6 Personen
600 ml Kokosmilch
3 EL rote Currypaste
3 EL Fischsoße
2 EL Palmzucker
2 Zitronengrasstengel, zerdrückt
450 g Rumpsteak, in dünne Streifen geschnitten
75 g geröstete, geriebene Erdnüsse
2 rote Chilis, aufgeschnitten
5 Kaffirlimonenblätter, zerpflückt
Salz, gemahlener schwarzer Pfeffer,
2 gesalzene Eier, zum Servieren
10-15 Basilikumblätter

1 Die Hälfte der Kokosmilch unter Rühren erhitzen, bis sie zu kochen beginnt und sich absetzt.

2 Rote Currypaste hinzufügen und kochen lassen. Fischsoße, Palmzucker und Zitronengras zugeben.

KOCH-TIPP

Wenn Ihnen die Zeit fehlt, selbst eine Currypaste herzustellen, kaufen Sie doch einfach im asiatischen Supermarkt eine Fertigpaste.

3 Weiterkochen lassen, bis sich die Farbe vertieft. Restliche Kokosmilch zugeben, erneut aufkochen.

4 Fleisch und Erdnüsse zufügen, unter Rühren 8-10 Minuten kochen lassen, bis die Soße dick wird.

5 Chilis und Limonenblätter hinzugeben. Nach Geschmack nachwürzen. Mit gesalzenen Eiern servieren und mit Basilikum garnieren.

Mussaman Curry

Dieses reichhaltige, ursprünglich aus Indien stammende Gericht schmeckt gleichzeitig süß und scharf. Sie können es auch mit Huhn, Lamm oder Tofu für die vegetarische Variante zubereiten.

Zutaten

für 4–6 Personen
600 ml Kokosmilch
675 g Steak zum Schmoren, in 2,5 cm lange Stücke geschnitten
250 ml Kokoscreme
3 EL Mussaman Currypaste (siehe Küchentipp)
2 EL Fischsoße
1 EL Palmzucker
4 EL Tamarindensaft
6 Kardamomschoten
1 Zimtstange
225 g Kartoffeln, in gleich große Stücke geschnitten
1 Zwiebel, in Stücke geschnitten
50 g geröstete Erdnüsse
gekochter Reis, zum Servieren

1 In einem Topf Kokosmilch vorsichtig zum Kochen bringen. Rindfleisch hinzugeben und etwa 40 Min. köcheln lassen bis es gar ist.

2 Die Kokoscreme in einen kleinen Topf geben und etwa 5-8 Minuten unter ständigem Rühren kochen lassen, bis sie sich absetzt.

3 Fügen Sie die Mussaman Currypaste hinzu und braten Sie diese, bis sich ihr Aroma verbreitet. Dann geben Sie die Paste zum Fleisch hinzu.

Koch-Tipp

Mussaman Currypaste wird für die thailändische Version von Muslim Curry verwendet. Sie kann bis zu 4 Monate im Kühlschrank aufbewahrt werden.

12 große, getrocknete Chilis entkernen und 15 Minuten in heißem Wasser einweichen. 4 EL gehackte Schalotten, 5 Knoblauchzehen, 1 gehackten Zitronengrasstengel, 2 TL gehackten Galgant, 1 TL Kreuzkümmel, 1 EL Koriander, 2 Gewürznelken und 6 schwarze Pfefferkörner in einem Wok ohne Öl auf niedriger Hitze etwa 5-6 Minuten braten. Alles zu einem Puder zermahlen und 1 TL Shrimpspaste, 1 TL Salz, 1 TL Zucker und 2 EL Öl hineinrühren.

4 Fischsoße, Zucker, Tamarindensaft, Kardamomschoten, Zimtstange, Kartoffel- und Zwiebelstücke hinzugeben. Etwa 10-15 Minuten köcheln lassen, bis die Kartoffeln gar sind.

5 Geröstete Erdnüsse hinzugeben. Weitere 5 Minuten kochen lassen und mit gekochtem Reis servieren.

Curryrind mit Thai Auberginen

Kurz gebraten. Wählen Sie Fleisch von hoher Qualität.

Zutaten

für 4-6 Personen

1 EL Speiseöl
3 EL grüne Currypaste
600 ml Kokosmilch
450 g Lende vom Rind
4 Kaffirlimonenblätter, zerpflückt
1-2 EL Fischsoße
1 TL Palmzucker
150 g kleine Thai Auberginen, halbiert
eine kleine Handvoll Thai Basilikum
2 grüne Chilis, zum Garnieren

für die grüne Currypaste

15 scharfe grüne Chilis
2 Zitronengrasstengel, gehackt
3 Schalotten, geschnitten
2 Knoblauchzehen
1 EL Galgant, gehackt
4 Kaffirlimonenblätter, gehackt
1/2 TL Kaffirlimonenschale, abgerieben
1 TL Korianderwurzel, gehackt
6 schwarze Pfefferkörner
1 TL Korianderkörner, geröstet
1 TL Kreuzkümmelkörner, geröstet
1 EL Zucker
1 TL Salz
1 TL Shrimpspaste (nach Geschmack)

1 Für die Herstellung der grünen Currypaste alle Zutaten außer Öl in einem großen Mörser zerstoßen, bis ein Brei entsteht. Nach und nach das Öl hinzugeben. Zwischendurch immer wieder gut mischen. Die Paste in einem Glasgefäß im Kühlschrank aufbewahren und nach Bedarf verwenden.

2 Öl im Wok erhitzen. 3 EL Currypaste hinzugeben und braten, bis sich das Aroma entfaltet.

3 Nach und nach die Hälfte der Kokosmilch einrühren und 5 - 6 Min. kochen lassen, bis sie ölig glänzt.

4 Fleisch in längliche, dünne Streifen schneiden und mit Limonenblättern, Fischsoße, Zucker und Auberginen zur Kokosmilch geben. 2-3 Min. kochen, dann restliche Kokosmilch einrühren.

5 Erneut zum Kochen bringen, köcheln lassen, bis Fleisch und Auberginen zart sind. Thai Basilikum erst kurz vor dem Servieren einrühren. Mit fein geschnitten roten Chilis garnieren.

Garnelen mit grünem Curry

Ein duftend-cremiges Currygericht, das sich schnell zubereiten läßt. Man kann für dieses Rezept auch Huhn verwenden.

Zutaten

für 4–6 Personen
2 EL grüne Currypaste
2 EL Speiseöl
450 g Riesengarnelen, geschält und gesäubert
4 Kaffirlimonenblätter, zerpflückt
1 Zitronengrasstengel, zerdrückt und gehackt
250 ml Kokosmilch
2 EL Fischsoße
1/2 Gurke, entkernt und in dünne Stifte geschnitten
10–15 Basilikumblätter
4 grüne Chilis, geschnitten

1 Grüne Currypaste in heißem Öl braten, bis sich Bläschen bilden und sich das Aroma ausbreitet.

2 Garnelen, Limonenblätter und Zitronengras zufügen. 1–2 Min. braten, bis die Garnelen rosa werden.

3 Kokosmilch einrühren. Unter gelegentlichem Umrühren etwa 5 Minuten köcheln lassen, bis das Garnelenfleisch zart geworden ist.

4 Fischsoße, Gurken und Basilikum einrühren, die roten Chilis obenauf geben und servieren.

Ananascurry mit Muscheln und Garnelen

Der köstliche süßsaure Geschmack dieses Currygerichtes stammt von der Ananas, eine Kombination, die ungewöhnlich erscheinen mag, aber umso leckerer schmeckt.

Zutaten

für 4–6 Personen
600 ml Kokosmilch
2 EL rote Currypaste
2 EL Fischsoße
1 EL Kristallzucker
225 g Riesengarnelen, geschält und gesäubert
450 g Miesmuscheln, gesäubert, Bartfäden entfernt
175 g frische Ananas, fein zerstoßen oder gehackt
5 Kaffirlimonenblätter, zerpflückt
2 rote Chilis, gehackt, zum Garnieren
Korianderblätter, zum Garnieren

1 Die Hälfte der Kokosmilch unter Rühren zum Kochen bringen, bis sie sich absetzt.

2 Rote Currypaste hinzugeben und kochen, bis sich ihr Aroma ausbreitet. Fischsoße und Zucker hinzugeben und kurz weiterkochen lassen.

3 Den Rest der Kokosmilch einrühren und erneut zum Kochen bringen. Riesengarnelen, Miesmuscheln, Ananas und Limonenblätter hinzugeben.

4 Erneut zum Kochen bringen, dann 3–5 Minuten köcheln lassen, bis die Garnelen gar sind und sich die Muscheln geöffnet haben. Alle Muscheln, die sich nicht geöffnet haben, entfernen! Zum Servieren mit gehackten roten Chilis und Korianderblättern garnieren.

Currygarnelen in Kokosmilch

Ein Currygericht, bei dem die Garnelen in einer scharfen Kokossoße gekocht werden.

Zutaten

für 4–6 Personen
600 ml Kokosmilch
2 EL gelbe Currypaste (Küchentipp)
1 EL Fischsoße
1/2 TL Salz
1 TL Kristallzucker
450 g Riesengarnelen, geschält und gesäubert, mit intaktem Schwanzende
225 g Kirschtomaten
Saft einer halben Limone, zum Servieren
2 rote Chilis, in Streifen geschnitten, und Korianderblätter, zum Garnieren

1 Die Hälfte der Kokosmilch im Wok zum Kochen bringen.

2 Die gelbe Currypaste hinzugeben, umrühren, bis sie sich aufgelöst hat, dann für 10 Minuten köcheln lassen.

3 Fischsoße, Salz, Zucker und die restliche Kokosmilch zufügen. Für weitere 5 Minuten köcheln lassen.

4 Garnelen und Kirschtomaten hinzufügen. Für etwa 5 Minuten leicht köcheln lassen, bis die Garnelen zart und rosa sind.

5 Mit Limonensaft beträufeln und mit Chilis und Koriander garnieren.

Koch-Tipp

Zum Herstellen der gelben Currypaste zermahlen Sie im Mixer oder Mörser 6–8 gelbe Chilis, 1 gehackten Zitronengrasstengel, 4 geschälte Schalotten, 4 Knoblauchzehen, 1 EL frisch geschälte und gehackte Ingwerwurzel, 1 TL Korianderkörner, 1 TL Senfpulver, 1 TL Salz, 1/2 TL gemahlenen Zimt, 1 EL braunen Zucker und 2 EL Öl. Geben Sie die Paste in ein Glasgefäß und bewahren Sie dieses im Kühlschrank auf.

Reis und Nudeln

Eine Schale mit Reis gehört zu jeder thailändischen Mahlzeit. Reis ist die Hauptstütze der thailändischen Landwirtschaft und der größte Exportartikel. Daher wird er auch mit dem größten Respekt behandelt. Es gibt eine Vielzahl von Reisarten, aber die am meisten verwendeten sind der weiße, langkörnige, duftende Jasminreis und der große rundkörnige Klebreis, der hauptsächlich zum Zubereiten von Nachspeisen verwendet wird. Das zweite Haupterzeugnis Asiens gleich nach dem Reis sind die Nudeln. Es gibt unzählige Arten von Nudeln und eine noch größere Zahl von Nudelgerichten, die ein gesundes, sättigendes Hauptgericht darstellen und als Mittagessen, Frühstück oder Snack bei den Thailändern äußerst beliebt sind.

Kokosreis

Dieses sättigende Gericht wird oft mit Papayasalat serviert.

Zutaten

für 4-6 Personen

450 g Jasminreis
250 ml Wasser
475 ml Kokosmilch
$^1/_2$ TL Salz
2 EL Kristallzucker
frische Kokosraspel, zum Garnieren (nach Geschmack)

1 Den Reis mehrmals in frischem Wasser waschen. Wasser, Kokosmilch, Salz und Zucker in einen schweren Kochtopf geben.

2 Geben Sie den Reis hinzu und bringen Sie alles zum Kochen. Reduzieren Sie dann die Hitze. Etwa 15-20 Minuten köcheln lassen, bis der Reis bissfest durchgekocht ist.

3 Den Reis vom Herd nehmen und im Topf etwa 5-10 Minuten ziehen lassen.

4 Lockern Sie den Reis vor dem Servieren mit Stäbchen auf.

Gebratener Ananasreis

Beim Kauf nach süß riechenden Früchten mit braun -gelblicher Schale Ausschau halten. Zeichen für Reife sind ein dumpfes Geräusch (bei Klopfen ans untere Ende) und leicht nachgebendes Fleisch.

Zutaten

für 4-6 Personen

1 Ananas, Fruchtfleisch klein geschnitten
2 EL Speiseöl
1 kleine Zwiebel, fein gehackt
2 grüne Chilis, entkernt und fein gehackt
225 g mageres Schweinefleisch, gewürfelt
115 g gekochte und geschälte Garnelen
675-900 g gekochter kalter Reis
50 g geröstete Cashewkerne
2 Frühlingszwiebeln, gehackt
2 EL Fischsoße
1 EL Sojasoße
10-12 Minzblätter, zum Garnieren
2 rote Chilis, zum Garnieren
1 grüne Chili, zum Garnieren

1 Ananas der Länge nach halbieren, das Fruchtfleisch herausschneiden, ohne die Schale zu beschädigen. Die hohlen Schalenhälften aufheben. Sie brauchen 115 g Fruchtfleisch; benutzen Sie den Rest für eine Nachspeise.

Koch-Tipp

Dieses Gericht eignet sich hervorragend für besondere Anlässe. Serviert in den ausgehöhlten Ananashälften wird der Augenschmaus Höhepunkt des Mahls.

2 Öl im Wok erhitzen, Zwiebeln und Chilis hineingeben und etwa 3-5 Minuten braten, bis sie weich sind. Fügen Sie das Fleisch hinzu und braten es, bis es rundum braun ist.

3 Garnelen und Reis hineinrühren und gut mischen. Unter ständigem Rühren braten, bis der Reis heiß ist.

4 Ananasfleisch, Cashewkerne und Frühlingszwiebeln zufügen. Mit Fischsoße und Sojasoße abschmecken.

5 Mischung in die ausgehöhlten Ananashälften füllen. Mit Minzblättern und Chilis garnieren.

Jasminreis

Jasminreis ist ein natürlich-aromatischer, langkörniger weißer Reis und bildet den Hauptbestandteil der meisten thailändischen Mahlzeiten.

Zutaten

für 4-6 Personen
450 g Jasminreis
750 ml kaltes Wasser

Koch-Tipp

Elektrische Reiskocher kochen den Reis und halten ihn warm. Es gibt sie ihn verschiedenen Größen. Die besten sind beschichtet, zwar etwas teurer, aber ihr Geld wert.

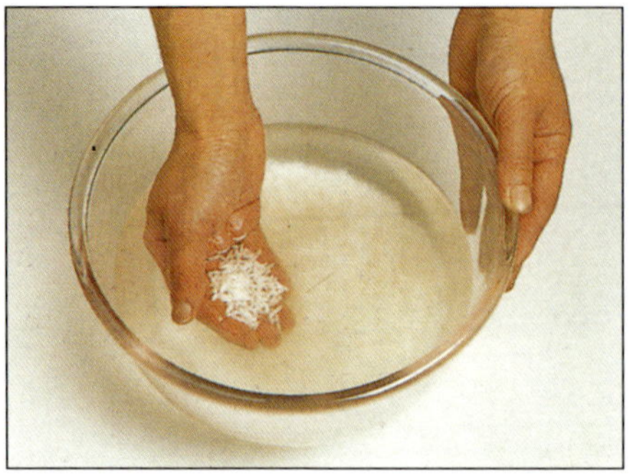

1 Spülen Sie den Reis mindestens dreimal in kaltem Wasser, bis das Wasser klar bleibt.

2 Geben Sie den Reis und 750 ml Wasser in einen schweren Kochtopf und bringen Sie ihn auf großer Hitze, ohne Deckel kräftig zum Kochen.

3 Rühren und Hitze reduzieren. Zugedeckt etwa 20 Minuten köcheln lassen, bis der Reis das gesamte Wasser aufgesogen hat. Topf vom Herd nehmen, für 10 Minuten ziehen lassen.

4 Nehmen Sie den Deckel ab und rühren Sie den Reis vorsichtig mit Stäbchen an, um die Reiskörner aufzulockern.

Jasminbratreis mit Garnelen und Basilikum

Thai Basilikum (bai grapo) hat einen einzigartig pikanten Geschmack, sowohl würzig als auch scharf. Man findet ihn in asiatischen Supermärkten.

Zutaten

für 4-6 Personen
3 EL Speiseöl
1 Ei, verquirlt
1 Zwiebel, gehackt
1 EL Knoblauch, gehackt
1 EL Shrimpspaste
1 kg Jasminreis, gekocht
350 g Garnelen, gekocht und geschält
50 g Tiefkühlerbsen, aufgetaut
Austernsoße, zum Abschmecken
2 Frühlingszwiebeln, gehackt
15-20 Thai Basilikumblätter, in Streifen geschnitten plus ein kleiner Zweig zum Garnieren.

1 1 EL Öl im Wok erhitzen. Geben Sie das verquirlte Ei hinein und drehen Sie den Wok, so dass Sie einen dünnen Pfannkuchen erhalten.

2 Gold anbraten. Auf ein Holzbrett gleiten lassen, aufrollen und in dünne Streifen schneiden. Zur Seite stellen.

3 Das restliche Öl erhitzen. Zwiebel und Knoblauch darin 2-3 Minuten anbraten, dann die Shrimpspaste einrühren und gut mischen.

4 Geben Sie Reis, Garnelen und Erbsen hinzu. Mischen und umrühren, bis alles gut erwärmt ist.

5 Mit Austernsoße abschmecken (vorsichtig: die Shrimpspaste ist sehr salzig). Frühlingszwiebeln und Basilikumstreifen zufügen. Auf Servierteller füllen, Pfannkuchenstreifen obenauf geben und mit dem Basilikumzweig garnieren.

Gebratener Reis mit Schweinefleisch

Wenn Sie mögen, garnieren Sie dieses Gericht mit Streifen vom Eieromelette.

Zutaten

für 4–6 Personen

3 EL Speiseöl
1 Zwiebel, gehackt
1 EL Knoblauch, gehackt
115 g Schweinfleisch, klein gewürfelt
2 Eier, verquirlt
1 kg Reis, gekocht
2 EL Fischsoße
1 EL dunkle Sojasoße
1/2 TL Streuzucker
4 Frühlingszwiebeln, fein geschnitten
2 rote Chilis, geschnitten
1 Limone, in Stücke geschnitten
Eieromelette (nach Geschmack)

1 Erhitzen Sie das Öl im Wok oder einer Pfanne. Zwiebel und Knoblauch hineingeben und etwa 2 Minuten braten, bis sie weich werden.

2 Schweinefleisch hinzugeben. Unter ständigem Rühren braten, bis das Fleisch die Farbe verändert und gar ist.

3 Eier hinzufügen und zu kleinen Klümpchen braten.

4 Reis hinzufügen, weiterrühren und mischen, so dass der Reis gut mit Öl umhüllt wird und nicht anklebt.

5 Fischsoße, Sojasoße und Zucker hinzugeben und gut mischen. Braten, bis der Reis heiß ist. Mit aufgeschnittener Frühlingszwiebel, roten Chilis und Limonenstücken und Eieromelettestreifen garnieren.

Chow Mein Spezial

Lap Cheong ist eine luftgetrocknete chinesische Wurstspezialität. Wenn Sie diese nicht bekommen können, verwenden Sie stattdessen Schinken, Chorizo oder Salami.

Zutaten

für 4–6 Personen

3 EL Speiseöl
2 Knoblauchzehen, geschnitten
1 TL frische Ingwerwurzel, gehackt
2 rote Chilis, gehackt
2 Lap Cheong, etwa 75 g, gespült und aufgeschnitten
1 Hühnchenbrust, ohne Knochen, klein geschnitten
16 Riesengarnelen, roh, geschält und gereinigt, mit intaktem Schwanz
115 g grüne Bohnen
225 g Bohnensprossen
50 g Schnittknoblauch
450 g Eiernudeln, weich gekocht
2 EL Sojasoße
1 EL Austernsoße
Salz, schwarzer Pfeffer, frisch gemahlen
1 EL Sesamöl
2 Frühlingszwiebeln, klein geschnitten, zum Garnieren
1 EL Korianderblätter, zum Garnieren

1 1 EL Öl im Wok erhitzen. Knoblauch, Ingwer und Chilis anbraten. Lap Cheong, Hühnchen, Garnelen und Bohnen hinzufügen. Unter ständigem Rühren etwa 2 Min. bei großer Hitze anbraten, bis Hühnchen und Garnelen gar sind. Dann alles in eine Schüssel geben und beiseite stellen.

2 Bohnensprossen und Schnittknoblauch im restlichen Öl unter ständigem Rühren 1-2 Min. anbraten.

3 Nudeln hinzufügen. Gut durchrühren. Mit Sojasoße, Austernsoße, Salz und Pfeffer abschmecken

4 Garnelenmischung zurück in den Wok geben. Erhitzen und gut mit den Nudeln mischen. Sesamöl einrühren. Garniert mit Frühlingszwiebeln und Korianderblättern servieren.

Knusprige Reisnudeln

Knusprige Reisnudeln werden bei festlichen Zusammenkünften serviert. Gebratene Vermicelli werden mit pikant süß-saurer Knoblauchsoße gemischt.

Zutaten

für 4–6 Personen

Bratöl
175 g Glasnudeln
1 EL Knoblauch, gehackt
4–6 getrocknete Chilis, entkernt und gehackt
2 EL Schalotten, gehackt
1 EL getrocknete Shrimps, abgespült
115 g Schweinehack
115 g rohe, geschälte Garnelen, gehackt
2 EL braune Bohnensoße
2 EL Reisweinessig
3 EL Fischsoße
3 EL Palmzucker
2 EL Tamarinden- oder Limonensaft
115 g Bohnensprossen

zum Garnieren

2 Frühlingszwiebeln, klein geschnitten
2 EL frische Korianderblätter
2 Köpfe eingelegter Knoblauch
Omelette aus 2 Eiern, klein geschnitten
2 rote Chilis, gehackt

1 Öl im Wok erhitzen. Reisnudeln in etwa 7,5 cm lange Stücke brechen. Im heißen Öl frittieren, bis sie aufquellen. Aus dem Wok nehmen und auf Küchenpapier abtrocknen lassen.

2 Etwa 2 EL des heißen Öls im Wok lassen, darin Knoblauch, Chilis, Schalotten und Shrimps braten.

3 Hack zufügen, unter ständigem Rühren 3-4 Min. anbraten, bis es nicht mehr rosa ist. Garnelen zugeben. 2 weitere Min. braten, dann alles aus der Pfanne nehmen und beiseite stellen.

4 Im selben Wok Bohnensoße, Essig, Fischsoße und Palmzucker zum Kochen bringen. Dabei rühren, bis sich der Zucker aufgelöst hat und alles eine sirupartige Konsistenz angenommen hat.

5 Tamarinden- oder Limonensaft zufügen und abschmecken. Eine Balance von süß, sauer und salzig ist erwünscht.

6 Temperatur reduzieren. Schweinefleisch, Garnelenmischung und Bohnensprossen zugeben. Gut mischen.

7 Reisnudeln hinzufügen. Vorsichtig rühren, so dass die Nudeln von der Soße umhüllt werden, ohne zu sehr zu zerbrechen. Nudeln auf einen Teller geben. Mit Frühlingszwiebeln, Korianderblättern, eingelegtem Knoblauch, Omelettestreifen und Chilis garnieren.

Gebratene Thai Nudeln

Pat Thai hat einen faszinierenden Geschmack und wird als eines von Thailands Nationalgerichten betrachtet.

Zutaten

für 4-6 Personen

350 g Reisnudeln
3 EL Speiseöl
1 EL Knoblauch, gehackt
16 rohe Riesengarnelen, geschält und gereinigt, mit intaktem Schwanz
2 Eier, leicht verquirlt
1 EL getrocknete Shrimps, gespült
2 EL eingelegter weißer Rettich
50 g frittierter Tofu, in schmale Streifen geschnitten
$1/2$ TL getrocknete Chiliflocken
115 g Schnittknoblauch, in 5 cm Stücke geschnitten
225 g Bohnensprossen
50 g geröstete Erdnüsse, grob zerkleinert
1 EL Kristallzucker
1 EL dunkle Sojasoße
2 EL Fischsoße
2 EL Tamarindensaft
2 EL Korianderblätter, für die Garnierung
1 Kaffirlimone, zur Garnierung

1 Nudeln 20-30 Min. in warmem Wasser einweichen, abtropfen lassen.

2 1 EL Öl im Wok erhitzen, Knoblauch darin goldbraun anbraten. Garnelen zugeben und 1-2 Minuten unter gelegentlichem Wenden braten, bis sie rosafarben sind. Vom Herd nehmen und zur Seite stellen.

3 Einen weiteren Esslöffel des Öls im Wok erhitzen und die Eier darin zu einem dünnen Teig anbraten. Rühren Sie dabei um, so dass sich kleine Teigklümpchen ergeben. Vom Herd nehmen und zu den Garnelen stellen.

4 Restliches Öl erhitzen. Getrocknete Shrimps, eingelegten Rettich, Tofu und getrochnete Chilis darin anbraten. Kurz umrühren. Nudeln zugeben und 5 Minuten unter Rühren braten.

5 Geben Sie den Schnittknoblauch, die Hälfte der Bohnensprossen und Erdnüsse hinzu. Mit Zucker, Sojasoße, Fischsoße und Tamarindensaft abschmecken. Gut mischen und kochen, bis die Nudeln durchgewärmt sind.

6 Fügen Sie Garnelen und Eierteig hinzu und mischen Sie alles. Zum Servieren mit restlichen Bohnensprossen, Erdnüssen, Korianderblättern und Limonenstücken garnieren.

NACHSPEISEN

Die Thailänder sind stolz auf ihre Nachspeisen und betrachten sie als einen wichtigen und harmonischen Weg eine Mahlzeit abzurunden. Die meisten Desserts basieren auf Thailands wunderbaren Früchten, angefangen bei einer Platte mit frischen tropischen Früchten, die oft in ansprechende Formen zurechtgeschnitten werden. Abhängig von der Jahreszeit gibt es Mangos, Zimtäpfel und vieles mehr. Früchte wie Bananen oder Ananas werden in Teig gebacken zu köstlichen Obstschnitten. Sehr oft werden Desserts zwischen den Mahlzeiten gegessen, was erklärt, warum manche der thailändischen Nachspeisen sehr reichhaltig und sättigend sind. Kokosmilch, ein wesentlicher Bestandteil sowohl von würzigen als auch von süßen Speisen, findet sich häufig auf der Nachspeisenkarte, wie etwa im Kürbisauflauf mit Kokosmilch oder im gebackenen Kokoscremepudding.

Tapiocapudding

Dieser Pudding, zubereitet aus der großen Tapiocaperle und Kokosmilch, wird warm gegessen. Servieren Sie ihn mit Lycheefrüchten oder den etwas kleineren, ähnlich schmeckenden Longanen, die auch als Drachenaugen bekannt sind.

Zutaten

für 4–6 Personen

115 g Tapioca (Mehl der Maniokwurzel)
475 ml Wasser
175 g Kristallzucker
1 Prise Salz
250 ml Kokosmilch
250 g tropische Früchte, aufgeschnitten
Limonenrinde, fein geschnitten, zum Garnieren

1 Tapioca in warmem Wasser für 1 Stunde quellen lassen. Abgießen.

2 Geben Sie Wasser in einen Kochtopf und bringen Sie es zum Kochen. Rühren Sie Zucker und Salz ein.

3 Tapioca und Kokosmilch hinzugeben. Etwa 10 Minuten köcheln lassen, bis das Tapioca transparent wird.

4 Mit Streifen von Limonenschale und Kokosflocken garnieren. Mit tropischen Früchten warm servieren.

Gebackene Bananen

Diese köstliche Nascherei ist äußerst beliebt, besonders bei Kindern. In Thailand sind sie als Snack auf den Straßen Tag und Nacht an Verkaufsständen und auf Märkten überall erhältlich. Auch Ananas oder Äpfel eignen sich hervorragend.

Zutaten

für 4 Personen

115 g Mehl
$1/2$ TL Backpulver
2 EL Kristallzucker
1 Ei
6 EL Wasser
2 EL Kokosflocken oder
1 EL Sesamkörner
4 feste Bananen
Bratöl
2 EL Honig, zum Servieren (nach Geschmack)
Minzzweige und Lychees , zum Garnieren

1 Mehl, Backpulver und Salz in eine Schüssel sieben. Zucker einrühren, Dann Ei und soviel Wasser einrühren, dass ein relativ dünnflüssiger Teig entsteht.

2 Kokosraspel oder Sesamkörner einrühren.

3 Bananen schälen, jede vorsichtig der Länge nach durchschneiden und diese Stücke noch einmal halbieren.

4 Öl im Wok erhitzen. Bananen in den Teig tauchen. Dann nach und nach in das heiße Öl geben und goldbraun braten lassen.

5 Aus dem Öl nehmen. Auf Küchenpapier abtropfen lassen und zügig mit Honig (nach Geschmack) servieren, mit Minzzweigen und Lychees servieren.

Gebackener Reispudding im Thailändischen Stil

Schwarzer Klebreis hat lange schwarze Körner und einen nussigen Geschmack, ähnlich dem von Naturreis. Er gibt dem Pudding den Charakter.

Zutaten

für 4-6 Personen
175 g weißer oder schwarzer Klebreis
2 EL feiner brauner Zucker
475 ml Kokosmilch
250 ml Wasser
3 Eier
2 EL Kristallzucker

1 Geben Sie Reis, braunen Zucker, die Hälfte der Kokosmilch und das gesamte Wasser in einen Kochtopf.

2 Zum Kochen bringen, 15-20 Min. köcheln lassen, bis der Reis die meiste Flüssigkeit aufgenommen hat. Dabei ab und zu umrühren. Backofen auf 150 Grad vorheizen.

3 Geben Sie den Reis in eine große, ofenfeste Schüssel oder verteilen Sie ihn auf verschiedene Schalen. Mixen Sie dann die Eier, die restliche Kokosmilch und den Zucker.

4 Sieben Sie die Mischung und gießen Sie sie über den Reis.

5 Reisbehälter in eine Fettpfanne stellen und diese zur Hälfte mit kochendem Wasser füllen.

6 Mit Aluminiumfolie abdecken und im vorgeheizten Ofen etwa 35-60 Minuten backen, bis der Pudding sich gesetzt hat. Warm oder kalt servieren.

Mango mit Klebreis

Mangos mit ihrem köstlichen Duft, dem süßlich-saurem Geschmack und weichem, voll Saft tropfenden Fleisch passen besonders gut zu Kokosklebreis. Mit der Zubereitung muss am Vortag begonnen werden.

Zutaten

für 4 Personen
115 g weißer Klebreis
175 ml dickflüssige Kokosmilch
3 EL Kristallzucker
1 Prise Salz
2 reife Mangos
Streifen von Limonenschale, zum Garnieren

1 Den Reis mehrmals gründlich in kaltem Wasser waschen, dann über Nacht in einer Schale mit sauberem, kalten Wasser einweichen.

2 Den Reis abtropfen lassen und gleichmäßig in einem mit Mulltuch ausgelegtem Dämpfkochtopf ausbreiten. Abdecken und etwa 20 Minuten dämpfen, bis die Reiskörner weich sind.

3 Währenddessen 130 ml der Kokosmilch mit Zucker und Salz in einen Kochtopf geben. Zum Kochen bringen, dabei rühren, bis sich der Zucker aufgelöst hat. Nun geben Sie die Flüssigkeit zum Abkühlen in eine Schüssel.

4 Reis in eine Schüssel füllen. Kokosmilchmischung darüber giessen. Umrühren, 10-15 Minuten stehen lassen.

5 Mangos schälen und das Fruchtfleisch in Scheiben schneiden. Auf den Reis geben, mit restlicher Kokosmilch übergießen und mit Limonenschale garnieren.

Kokoscremepudding

Dieses traditionelle Gericht wird oft mit süßem Klebreis und einer Auswahl an Früchten wie Mango oder Tamarillo serviert.

Zutaten

für 4–6 Personen

4 Eier
75 g feiner brauner Zucker
250 ml Kokosmilch
1 TL Vanilleextrakt (oder wahlweise Rosen- oder Jasminextrakt
Minzblätter, zum Garnieren
Puderzucker, zum Garnieren

1 Backofen auf 150 Grad Eier und Zucker in einer Schüssel cremig schlagen. Kokosmilch und Vanilleextrakt hinzugeben und alles gut mischen.

2 Die Mischung sieben und in Schälchen oder eine Auflaufform gießen.

3 Stellen Sie die Schälchen oder die Auflaufform in eine Fettpfanne und füllen dieses halb mit heißem Wasser.

4 35–40 Minuten backen, bis sich die Creme gesetzt hat. Festigkeit mit einem dünnen Holzstäbchen testen.

5 Blech aus dem Ofen nehmen. Abkühlen lassen. Pudding auf Tellern mit klein geschnittenem Obst servieren. Mit Minze und Puderzucker garnieren.

Kürbisauflauf in Kokoscreme

Gedünstete Früchte sind ein beliebter Nachtisch in Thailand. Verwenden Sie einen festen Kürbis für dieses Gericht. Auch Bananen, Melonen und sogar süßer Mais oder Hülsenfrüchte wie Mungobohnen oder schwarze Bohnen lassen sich auf diese Art zubereiten.

Zutaten

für 4–6 Personen
1 kg Kabochakürbis
740 ml Kokosmilch
175 g Kristallzucker
1 Prise Salz
geröstete Kürbiskerne und Minzzweige, zum Garnieren

1 Kürbishaut waschen, grob abschneiden. Kerne in eine Schüssel geben.

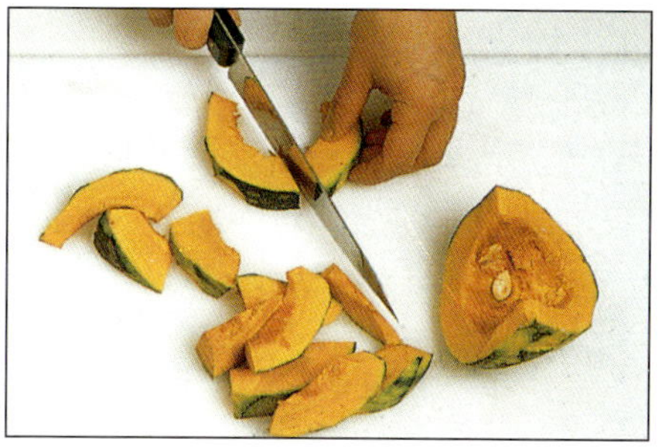

2 Schneiden Sie das Fruchtfleisch mit einem scharfen Messer in etwa 5 cm lange Stücke.

KOCH-TIPP

Jede feste Kürbisart eignet sich für dieses Gericht. Sorten aus Jamaica oder Neuseeland bieten eine gute Alternative zum Kabocha-kürbis.

3 Kokosmilch, Zucker und Salz in einem Topf zum Kochen bringen.

4 Geben Sie das Kürbisfleisch hinzu. Etwa 10–15 Minuten kochen lassen, bis das Fleisch weich geworden ist. Warm servieren. Garnieren Sie jede Portion mit einem Minzzweig und ein paar gerösteten Kürbiskernen.

Index